JULIA FELICITAS ALLMANN

Jeden Tag die WELT RETTEN

Wie wir mit 66 Alltagsentscheidungen
die Erde zu einem besseren Ort machen

ERNÄHRUNG: WAS WELTRETTER ESSEN UND TRINKEN

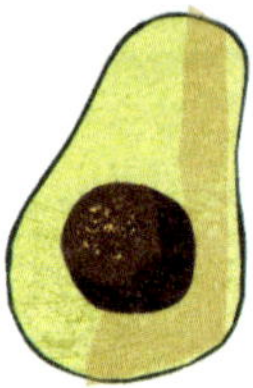

KONSUM: WAS UND WIE WELTRETTER EINKAUFEN

HAUSHALT: WIE WELTRETTER ZU HAUSE LEBEN

Aus Gründen der besseren Lesbarkeit wird in diesem Buch an einigen Stellen nur das generische Maskulinum verwendet. Das stellt ausdrücklich keine Wertung dar, gemeint sind durchgängig alle Geschlechter.

VORWORT

Papier oder Plastik? Bio oder unverpackt? Glas oder Konserve? Und was dürfen wir in der Klimakrise überhaupt noch mit gutem Gewissen essen? Es ist wirklich kompliziert, bei all den Nachhaltigkeitstipps den Überblick zu behalten. Und ziemlich schwierig, sich bei ständig neuen Katastrophenmeldungen nicht entmutigen zu lassen.

Dieses Buch liefert Ihnen schnelle Antworten, wenn Sie gegen schmelzende Gletscher, Regenwaldabholzung, Artensterben und Plastik in den Meeren kämpfen möchten – aber so, dass es einfach ist und in den Alltag passt. Es zeigt, was Alufolie, Milchersatz und Streamingdienste mit Klimaschutz zu tun haben, und erklärt auf Grundlage von Studienergebnissen und Experteninterviews, wie sich unsere vielen täglichen Entscheidungen auswirken.

Wichtig dabei: Hier geht es nicht um Vorschriften oder Verurteilungen. Die Kapitel dienen Ihnen eher als Selbstbedienungsladen zur Weltverbesserung, in dem Sie sich ein Programm zusammenstellen können, um mit gutem Gewissen durch den Tag zu gehen. Klar, es muss und kann nicht jeder in allen Punkten perfekt sein. Aber in Summe können wir gemeinsam einen Unterschied machen und in unserem täglichen Leben dafür sorgen, dass die Erde eine bessere Zukunft hat.

ERNÄHRUNG: WAS WELTRETTER ESSEN UND TRINKEN

Eine bessere Welt beginnt schon am Frühstückstisch – denn unsere Ernährung bestimmt zu 15 Prozent den persönlichen CO_2-Ausstoß. Dass Fleisch aus Massentierhaltung nicht besonders klimafreundlich ist, hat sich wohl herumgesprochen. Doch auch ein veganes Müsli kann der Umwelt schaden – und eine Fleischmahlzeit halbwegs nachhaltig sein. Wie Milch, Nudeln, Steaks und Butterbrote den Planeten belasten oder schonen: Hier gibt es Antworten.

KUHMILCH ODER HAFERDRINK?

Ob im Cappuccino, Chai Latte oder täglichen Müsli – pflanzliche Milchalternativen sind angesagt. Aber schützen sie auch das Klima? Schauen wir uns Milch und Haferdrink im Vergleich an.

Konventionelle Kuhmilch ist oft ein Ergebnis von Massentierhaltung und industrieller Landwirtschaft. Schädlich für die Umwelt ist nicht nur die Futtermittelproduktion, sondern auch die von Kühen abgegebenen Methangase treiben die Belastung in die Höhe. Eine aktuelle Oxford-Studie kam zu dem Ergebnis, dass die Herstellung von einem Liter Kuhmilch 3,2 Kilo CO_2 verursacht. (Etwa so viel wie eine Autofahrt von 17 Kilometern.) Auch die Landnutzung ist nicht zu unterschätzen: Pro Liter Kuhmilch wird demnach eine Fläche von neun Quadratmetern gebraucht. Außerdem sind für die Produktion von einem Liter klassischer Milch insgesamt stolze 628 Liter Wasser notwendig.

Gut zu wissen

- *Klimaexperten sprechen oft von CO_2-Äquivalenten. Dabei sind alle Treibhausgase auf CO_2 gegengerechnet. Methan etwa ist 25-mal so klimaschädlich wie CO_2, ein Kilo entspricht also 25 Kilo CO_2. In vielen Quellen (und in diesem Buch) ist zur Vereinfachung von CO_2 die Rede, gemeint sind stets die Äquivalente.*

Wie ist es im Vergleich bei pflanzlichen Drinks (die laut einem Beschluss des Europäischen Gerichtshofs von 2017 übrigens nicht

als »Milch« bezeichnet werden dürfen)? Es kommt zunächst darauf an, wo und wie der Rohstoff angebaut wird, der die Basis für das Getränk bildet. Hafer ist eine gute Wahl, denn der wächst in Europa und sogar bei uns. Am besten ist es natürlich, einen Haferdrink zu kaufen, bei dem das Getreide hierzulande angebaut und weiterverarbeitet wurde. Viele Hersteller werben auf der Packung offensiv damit, ansonsten lohnt sich eine Nachfrage.

Mein Tipp

→ *Es ist gar nicht schwer, einen Haferdrink selbst herzustellen. Anleitungen gibt es online, benötigt werden nur Haferflocken, Wasser, Pürierstab oder Standmixer und ein Nussmilchbeutel oder Leinentuch, um den Drink am Ende fein zu sieben.*

Außerdem gilt Hafer als recht anspruchsloses Getreide: Zum Anbau sind in der Regel weder Dünger noch Pestizide notwendig – das freut nicht nur Landwirte, sondern auch die Umwelt. Und auch mit Blick auf Emissionen, Wasser- und Flächenverbrauch liegt der Haferdrink vor der tierischen Alternative: Pro Liter werden den Wissenschaftlern zufolge 0,9 Kilo CO_2 ausgestoßen, also weniger als ein Drittel im Vergleich zur Kuhmilch. Die Landnutzung liegt mit 0,8 Quadratmetern bei unter einem Zehntel und ähnlich sieht es beim Wasserverbrauch aus: Bei einem Liter Haferdrink kommen wir auf 48 Liter – es ist eine Ersparnis von 580 Litern Wasser möglich, wenn wir auf Kuhmilch verzichten.

Bei pflanzlichen Drinks auf Basis anderer Rohstoffe ist die Lage anders: Mandeln benötigen sehr viel Wasser (371 Liter pro Liter Mandeldrink). Außerdem sorgt der Anbau je nach Herkunftsland durch Monokulturen und Pestizideinsatz für Probleme (siehe Seite 34). Auch Reisdrinks gibt es in vielen Supermarktregalen. Sie stehen aus Umweltsicht zwar immer noch besser da als Kuhmilch, doch im Vergleich zum Hafer ist Reis der klare Verlierer. Reisfelder geben viel Methan ab, Schätzungen zufolge etwa zehn Prozent der weltweiten Emissionen durch Landwirtschaft. Ein Liter Reisdrink bringt es auf 1,2 Kilogramm Treibhausgase.

Um noch kurz über Sojadrinks zu sprechen: Welche Probleme der Sojaanbau verursachen kann, wird ab Seite 15 deutlich. Doch wenn wir hierzulande Sojadrinks kaufen, stammen die verwendeten Bohnen meist aus Europa – hier wird kein Regenwald abgeholzt und der Anbau von genmanipulierten Sojapflanzen ist verboten. CO_2-Emissionen und Landnutzung sind ähnlich hoch wie bei Hafer, beim Wasserverbrauch liegt Soja sogar vorn: Pro Liter Sojadrink sind den Oxford-Forschern zufolge nur 28 Liter Wasser nötig – also sogar weniger als beim Haferdrink.

Kurz gesagt

→ *Probieren Sie doch mal einen Haferdrink statt Kuhmilch, das hilft der Umwelt: Es wird weniger CO_2 abgegeben und die Produktion benötigt deutlich weniger Wasser und Fläche.*

RINDFLEISCH ODER GEFLÜGEL?

Um direkt allen Fleischfreunden die Laune zu verderben: Der Konsum von Fleisch hat weltweit fatale Auswirkungen aufs Klima und unseren Planeten. Wenn man die gesamten Treibhausgas-Emissionen durch unsere Ernährung betrachtet, macht die Produktion von Fleisch mehr als 40 Prozent aus.

Außerdem wird für kein anderes Lebensmittel so viel Land benötigt wie für Fleisch und Milch: Laut Fleischatlas 2018 stillt die Menschheit zwar nur 17 Prozent des Kalorienbedarfs mit tierischen Produkten – doch dafür werden 77 Prozent des globalen Ackerlands benötigt. Die Flächen für Futtermittelanbau wachsen von Jahr zu Jahr, was unter anderem zur massiven Abholzung von wertvollen Wäldern führt. Hinzu kommen die Haltungsbedingungen der Tiere, die in der konventionellen Landwirtschaft meist nicht das Geringste mit romantischem Bauernhofleben zu tun haben. Aus all diesen Gründen empfehlen Umweltschützer, den Fleischkonsum pro Person auf maximal 300 bis 350 Gramm pro Woche zu reduzieren (wenn man nicht gleich Vegetarier oder sogar Veganer wird).

Und auch wenn es um die Art des Fleischs geht, kann unsere Entscheidung einen Unterschied machen. Oft werden an erster Stelle Rinder genannt, wenn von Fleischkonsum und CO_2-Ausstoß die Rede ist. Das hat seinen Grund: Pro Kilogramm Rindfleisch werden etwa 13 Kilogramm CO_2 freigesetzt. Besonders problematisch ist das Klimagas Methan, das im Verdauungstrakt

von Rindern entsteht und um ein Vielfaches stärker wirkt als CO_2. Deshalb sind Rinder Schätzungen zufolge für etwa 65 Prozent aller Klimagas-Emissionen der Fleischproduktion verantwortlich. Bei Geflügel sind es nur acht Prozent.

Grüne Wiese oder Massentierhaltung?

Einen großen Unterschied macht, wie und wo die Rinder gehalten werden: »Der Ausstoß durch Methangas ist zwar problematisch, wird aber teilweise ausgeglichen, wenn die Tiere ganzjährig auf der Weide stehen«, erklärt Prof. Petra Teitscheid vom Institut für Nachhaltige Ernährung an der FH Münster. »Durch das Abgrasen der Weide verdichten sie den Boden, gleichzeitig düngen sie ihn, sodass er in der Lage ist, mehr CO_2 zu speichern.« Außerdem stehen diese Rinder auf Flächen, die Experten Grünland nennen – diese sind Kohlenstoffspeicher und schützen im Gegensatz zu vielen Ackerflächen das Klima. Anders sieht es aus, wenn Rinder in Massentierhaltung gemästet werden: Dann erhalten sie Soja, Mais und Getreide, dessen Anbau riesige Flächen in Anspruch nimmt und Ressourcen wie Energie frisst.

Gucken wir uns an, wie es bei Geflügel aussieht. Hier ist der CO_2-Ausstoß zwar deutlich niedriger, pro Kilogramm Fleisch sind es etwa vier Kilogramm. Allerdings werden die Tiere in konventioneller Haltung größtenteils mit Sojaschrot gefüttert – und das ist ein Problem. Es wird fast ein Kilo Soja benötigt, um ein Kilo Geflügelfleisch zu erzeugen. Der gigantische Anbau von Soja weltweit

sorgt für die Rodung von Regenwäldern und bewirkt, dass viele Tierarten vor dem Aussterben stehen (mehr ab Seite 15). Insgesamt braucht man mehr als 2,6 Kilogramm Futtermittel, damit später ein Kilogramm Geflügel auf den Tellern liegt. Bei Rindern ist es etwa ein Kilogramm Kraftfutter pro Kilogramm Fleisch weniger – hier sind Hähnchenschenkel und Putenfilets also im Nachteil.

Eine eindeutige Antwort, welche Art von Fleisch besser ist, gibt es nicht, doch in beiden Fällen können wir die Belastung fürs Klima so gering wie möglich halten. Bei Rindern sollten wir auf Weidetiere setzen, die bestenfalls noch in der näheren Umgebung auf der Wiese standen. Eine weitere Möglichkeit: Wild essen, solange es aus der EU und aus nachhaltiger und regulierter Jagd stammt. Dieses Fleisch ist laut WWF »eine vernünftige Nutzung natürlicher Ressourcen und hat kaum negative ökologische Auswirkungen«.

Gut zu wissen

→ *Wissenschaftler arbeiten in verschiedenen Ländern daran, künstliches Fleisch im Labor herzustellen. Umweltschützer haben allerdings noch Zweifel, ob die Großproduktion in Fabriken wirklich das Klima entlastet oder eher für neue Probleme sorgt.*

Wie immer hilft es, für Bio-Ware ein paar Euro mehr zu zahlen. (Was zu verkraften ist, wenn es ohnehin nur 300 Gramm pro Woche sind …) Das könnte zum Beispiel bei Hühnern dazu führen, dass sie nicht mit brasilianischen Sojaprodukten gefüttert

werden, sondern mit Rapsschrot oder heimischen Erbsen. Was vielleicht bei der Entscheidung hilft: In biologischer Haltung haben Hühner etwa doppelt so viel Zeit zu wachsen. Im Schnitt sind es 70 bis 90 Tage anstatt etwa 30 bis 50. Aber auch ohne Siegel können Tiere und Umwelt profitieren: Viele kleine Landwirtschaftsbetriebe halten Tiere zwar so, dass sie Bio-Standards erfüllen würden, haben aber keine Zertifizierung, weil diese teuer ist.

Hähnchenschenkel und Nackensteak, diese Klassiker landen oft auf dem Teller. Besser wäre es, auch andere Teile der Tiere zu essen – so wie früher. 1984 aß jeder Westdeutsche noch 1,5 Kilogramm Innereien, 2015 waren es nur noch etwa 100 Gramm (das hat der WWF ausgerechnet). Inzwischen werden je nach Art des Tiers nur 40 bis 55 Prozent verwendet. Wer die Umwelt schützen will, ohne auf tierische Mahlzeiten zu verzichten, könnte geschmorte Rinderbacken, kurzgebratene Rinderherzen oder eine Rinderzunge probieren. Hühnerleber und Hühnermägen passen in Ragouts, in vielen Ländern sind frittierte Hühnerfüße beliebt.

Kurz gesagt

1. *Rindfleisch verbraucht mehr CO_2, bei Geflügel belastet der höhere Sojabedarf die Umwelt. Am besten: Weniger Fleisch essen, auf die Haltungsweise und Bio-Qualität achten.*

2. *Je mehr vom Tier gegessen wird, desto besser. Deshalb fordern Umweltschützer auch Innereien in den Topf zu werfen.*

GEFLÜGEL ODER TOFU?

Auf Fleisch verzichten – eine gute Idee, wenn wir die Welt retten wollen. Vor allem Geflügel ersetzen Vegetarier gern durch Tofu. Er liefert Proteine, sieht in kleinen Streifen so ähnlich aus wie Putengeschnetzeltes und mit den entsprechenden Gewürzen kann er auch fast so schmecken. Hört sich erst einmal vernünftig an – wenn da nicht die massiven Probleme wären, die der Sojaanbau weltweit verursacht. Das verunsichert viele Vegetarier und andere umweltbewusste Esser.

Zum Hintergrund: Tofu wird aus Sojabohnen hergestellt. Die Produktion ist ähnlich wie die von Käse aus Kuhmilch, deshalb ist manchmal auch von Sojakäse oder Sojaquark die Rede. Unabhängig vom Namen: Wenn Tofu auf dem Teller liegt, wurden dafür Sojabohnen gepflanzt.

Gut zu wissen

→ *Wer auf Fleisch verzichtet und eine Proteinquelle sucht, muss nicht unbedingt Tofu kaufen – auch Lupinen sind eine Alternative. Dabei handelt es sich um die Samen der Süßlupine (eine Pflanze, die auch bei uns wächst). In vielen Biomärkten gibt es Lupinen-»Schnitzel« als Fleischersatz.*

Die Hauptanbaugebiete für Soja liegen in Südamerika, dort wachsen die Flächen rasant. »In Brasilien gibt es durch den Soja-Anbau gigantische Monokulturen. Die industrielle Landwirt-

schaft arbeitet mit verschiedenen Düngemitteln und Pflanzenschutzmitteln, die den Boden belasten«, erklärt Expertin Prof. Petra Teitscheid. Hinzu kommt die Regenwaldproblematik: »Durch den wachsenden Sojabedarf werden immer neue Flächen gerodet. Je höher die Nachfrage nach Soja, desto größer der Druck auf den Regenwald.« Wird Regenwald gerodet, hat das nicht nur Nachteile für die Tiere, deren Heimat vernichtet wird. Die Umwandlung der bislang natürlichen Lebensräume in Soja-Anbauflächen sorgt für eine Freisetzung von Treibhausgasen in riesigen Mengen. Und das können wir uns in der Klimakrise überhaupt nicht leisten.

Mein Tipp

→ *Es muss nicht immer der Komplettverzicht sein: Vielleicht wäre es einen Versuch wert, einmal täglich vegan zu essen (zum Beispiel mit Tofu statt Hähnchen)? Eine kleine Umstellung für uns – in Summe ein großer Unterschied für den Planeten.*

Sollten wir deshalb also auch Tofu vom Speiseplan streichen? Nein, denn: Rund 80 Prozent der weltweit angebauten Sojabohnen werden zu Tierfutter verarbeitet – womit wir wieder beim Hähnchen wären. Wie ab Seite 11 erklärt, ist etwa ein Kilogramm Soja nötig, um ein Kilogramm Geflügelfleisch zu produzieren (zusätzlich zu anderem Kraftfutter, das die Tiere fressen).

Laut WWF besteht insgesamt mehr als ein Drittel des eingesetzten Kraftfutters für Geflügel aus Soja, hinzu kommen knapp 20 Prozent bei der Fütterung von Schweinen. Und da der Fleischkonsum ständig ansteigt, anstatt auf ein vernünftiges Maß zurückzugehen, wächst der Sojabedarf. Und damit die Bedrohung von Regenwald und Klima.

Ernährungsexpertin Teitscheid kommt deshalb zu dem Schluss: »Im Vergleich zum Viehfutter macht ein Sojaschnitzel auf dem Teller keine Probleme.« Es ist also tatsächlich die umweltschonendere Alternative zu Geflügel – wenn wir auch hierbei wieder auf die Qualität achten.

Wie so oft sind beim Tofu-Kauf Bioprodukte klar zu bevorzugen, damit wir den Einsatz von Pestiziden ausschließen. Achten Sie außerdem darauf, dass das Soja aus Europa stammt, denn hier dürfen keine genmanipulierten Pflanzen angebaut werden und es wird kein neuer Regenwald für die Produktion abgeholzt. Die Angabe dazu finden Sie auf der Verpackung.

Kurz gesagt

1. *Für die Gewinnung von Soja zur Produktion von Fleischersatz wird in der Regel kein Regenwald abgeholzt. Tofu ist deshalb eine nachhaltigere Wahl als Geflügelfleisch.*

2. *Am besten ist es, wenn Sie Tofuprodukte in Bio-Qualität und aus europäischem Anbau kaufen.*

LEITUNGS- ODER MINERALWASSER?

Einfach den Hahn aufdrehen oder Wasser kistenweise im Getränkemarkt kaufen? Wenn es um die Umwelt geht, ist die Antwort eindeutig:

»Das Trinken von Leitungswasser erzeugt weniger als ein Prozent der Umweltbelastungen von Mineralwasser«, stellt das Umweltbundesamt klar. Dabei geht es vor allem um den Transport und die dabei entstehenden CO_2-Emissionen. Denn nicht immer stammt das Mineralwasser aus einer nahegelegenen Quelle und wird ohne Umweg in den Supermarkt bei uns um die Ecke gebracht.

»Wenn man sich trotzdem für Mineralwasser entscheidet, sollte man auf die Herkunft achten«, rät Prof. Marlen Arnold, Nachhaltigkeitsexpertin von der TU Chemnitz. »Es gibt überall in Deutschland gutes Quellwasser, da muss man nicht in Hamburg ein Mineralwasser aus Bayern trinken – oder sogar aus Italien.«

Wer nicht auf Kohlensäure verzichten möchte, für den gibt es Sprudelgeräte. Wichtig dabei ist, die Kartuschen wieder zurückzubringen und sie nicht nach dem Gebrauch wegzuwerfen.

Kurz gesagt

1. *Leitungswasser ist eindeutig die nachhaltigste Variante, um den Durst zu stillen.*
2. *Wenn man trotzdem Mineralwasser kauft: Darauf achten, dass es von einer Quelle in der Nähe stammt.*

KAFFEE ODER TEE?

Ob es morgens Kaffee oder Tee sein soll, da gehen die Geschmäcker klar auseinander. Und wer sich einmal daran gewöhnt hat, dass der Tag mit Kaffee (oder Tee) startet, der wird sich vielleicht nicht umstimmen lassen. Reden wir trotzdem darüber, was bei der Mission Klimaschutz das sinnvollere Heißgetränk wäre.

Zur Einordnung vorab: Nicht alles, was wir als Tee bezeichnen, ist strenggenommen auch Tee. Eigentlich handelt es sich dabei nur um die Getränke, die mit Blättern der Teepflanze zubereitet werden, grob gesagt grüner, schwarzer oder weißer Tee. Früchte- oder Kräutertees hingegen sind Aufgussgetränke.

140 Liter für eine Tasse Kaffee

Beim Vergleich von klassischem Tee und Kaffee ist die nachhaltigere Entscheidung schwer zu treffen. Bei Kaffee fällt vor allem der immense Wasserverbrauch ins Gewicht: Für eine Tasse mit 250 Millilitern werden im weltweiten Durchschnitt rund 140 Liter Wasser benötigt. Bei Tee sind es etwa 30 Liter pro Tasse.

Das ist ein gravierender Unterschied, allerdings weisen Experten in der Diskussion immer darauf hin, dass sowohl Kaffee als auch Tee traditionell in eher feuchten Gebieten wachsen und dass es sich meistens um Regenwasser handelt. Aber: »Um den Bedarf zu decken, wird Kaffee teilweise in Gegenden angebaut, die überhaupt nicht für den Anbau geeignet sind«, erklärt Nachhaltigkeitsexpertin Prof. Petra Teitscheid. »So müssen mehr Düngemittel,

Pestizide und Wasser zum Einsatz kommen, um den gleichen Geschmack zu erzielen.« Und dann spielt der große Wasserbedarf wieder eine Rolle. Wer Bio-Kaffee aus Hochlandanbau kauft, sorgt zumindest dafür, dass die Kaffeepflanzen unter den für sie besten Bedingungen angebaut werden und so weniger Dünger und Wasser erforderlich sind.

Auch bei der Fläche gibt es große Unterschiede zwischen Kaffee und Tee: Um ein Kilo Teeblätter zu ernten, ist nicht einmal die Hälfte der Fläche nötig, die man für ein Kilo Kaffee braucht. Außerdem wird am Ende weniger Material pro Tasse benötigt: Etwa ein Viertel der gepflückten Blätter kann zu Tee verarbeitet werden, bei Kaffee landet nur etwa ein Sechstel in der Tasse.

Gut zu wissen

→ *Ein Start-up aus Seattle arbeitet an einem Kaffee-Ersatz, der ganz ohne Bohnen auskommt und im Labor unter anderem aus Proteinen, Aromastoffen und Ölen hergestellt wird. Das soll besser für die Umwelt sein und angeblich genauso gut schmecken wie echter Kaffee.*

Kaffee benötigt also sehr viel Anbaufläche – und die wird bei der riesigen Nachfrage weltweit knapp. Allein jeder Deutsche trinkt etwa 165 Liter pro Jahr (im Vergleich zu 28 Litern Tee).

Auch wichtig: Beim Anbau von Kaffee und Tee sind die Zustände auf den Plantagen oft dramatisch. Niedrige Löhne,

schlechte Arbeitsbedingungen, teilweise sogar Kinderarbeit – das hat zwar nicht direkt mit Umweltschutz zu tun, lässt einen aber trotzdem nicht kalt. Mit dem Kauf von Produkten aus fairem Handel können Sie dazu beitragen, die Lage zu verbessern.

Dann kommt es natürlich noch auf die Zubereitung an: Ist es Kaffee aus der Kapsel oder brühen wir ihn mit Filter auf? (Siehe Seite 41.) Lassen wir das Wasser für den Tee noch lange köcheln, obwohl es längst gekocht hat? Experten schätzen, dass bei beiden Getränken der Großteil der Umweltbelastungen in der Zubereitung liegt. Hier haben wir selbst also viel in der Hand. Ansonsten gilt: Tee liegt im Nachhaltigkeitsvergleich leicht vorn, doch der bewusste Konsum von fair produziertem Hochlandkaffee ist auch eine gute Wahl. Vielleicht müssen es nicht gleich fünf Tassen täglich sein?

Wenn es Ihnen vor allem um Geschmack und die wärmende Wirkung geht, können Sie auch Minze aus dem Garten mit heißem Wasser übergießen. Das wäre das vorbildlichste Verhalten beim Wunsch nach einem heißen Getränk.

Kurz gesagt

1. *Der Anbau von Kaffee verbraucht deutlich mehr Wasser und Fläche als der Anbau von Tee, was bei dem gigantischen Bedarf weltweit ein echtes Problem ist.*

2. *Die Arbeitsbedingungen sind bei beiden Getränken problematisch. Kaufen Sie daher fair gehandelte Produkte.*

NUDELN ODER REIS?

Gibt es jedes Wochenende Spaghetti Bolognese oder lieber Curry mit Reis? Wenn Sie mit gutem Gefühl am Herd stehen wollen, können Sie bei Ihrer Menüwahl Folgendes beachten: Wer in Mitteleuropa lebt, schont mit Nudeln das Klima mehr als mit dem Kauf von Reis. »Hierzulande ist regional angebauter Weizen verfügbar, deshalb ist die CO_2-Bilanz von Nudeln deutlich besser als von Reis«, erklärt Robert Böhnke, Referent in der Geschäftsstelle des Nachhaltigkeitsrates. Bei einem Kilo Nudeln geht man von 500 Gramm CO_2 aus, bei Reis sind es drei Kilo. Unabhängig vom Transport setzen die Reisfelder selbst viel klimaschädliches Methangas frei. Das geschieht durch Mikroorganismen in den gewässerten Feldern.

Der Wassereinsatz für den Anbau von Reis ist deutlich höher als der bei Weizen: »Für ein Kilo Reis ist zwei- bis dreimal so viel Wasser erforderlich«, sagen Experten. Schätzungen zufolge gehen sage und schreibe 40 Prozent des Wassers, das weltweit zur künstlichen Bewässerung in der Landwirtschaft eingesetzt wird, für den Anbau von Reis drauf.

Kurz gesagt

→ *Nudeln sind klar die bessere Alternative für die Umwelt: Für den Anbau von Reis wird die zwei- bis dreifache Menge Wasser benötigt. Außerdem stammt Reis oft aus Asien, der Weizen für Nudeln kann regional angebaut werden.*

FORELLE ODER KARPFEN?

Industrielle Überfischung, durch die der Fischbestand in den Ozeanen dramatisch sinkt; Treibnetze, in denen auch Wale und Robben sterben; Schleppnetze, die ganze Ökosysteme auf dem Meeresgrund zerstören … Der Konsum von Fisch kann verheerende Folgen haben. Besser sind Süßwasserfische, aber auch hier gibt es Unterschiede. Wenn Sie etwa die Wahl zwischen Forelle und Karpfen haben, dann greifen Sie zum Karpfen.

»Da er hauptsächlich Pflanzen und kleine Bodentiere frisst, hat der Karpfen einen viel geringeren Fußabdruck als Raubfische wie Forelle oder Lachs«, erklärt der WWF. Denn für die Zucht von Raubfischen muss man zunächst Wildfisch fangen, um diesen dann an die gezüchteten Tiere zu verfüttern. Hier sind Karpfen also klar im Vorteil – vor allem die Karpfenzucht hierzulande belastet den Experten zufolge die Umwelt nicht.

Wer nicht auf die Forelle verzichten will, sollte darauf achten, dass sie nach Umweltstandards zertifiziert ist und aus der näheren Umgebung stammt. Nicht nur wegen der Transportwege: In trockenen Ländern wie Spanien oder Italien ist die Forellenzucht problematisch, weil für sie sehr viel Wasser benötigt wird.

Kurz gesagt

→ *Karpfen müssen keine anderen Fische fressen, die für die Zucht extra gefangen werden, sie sind deshalb die bessere Wahl.*

ZUCHT- ODER WILDLACHS?

Mittlerweile ist klar, dass auch Fisch kein umweltfreundliches Abendessen ist. Wenn es trotzdem mal ein Lachsfilet sein soll, haben Sie die Wahl zwischen Aquakultur und Wildfang, zwischen pazifischem oder atlantischem Lachs. Jede Variante hat unterschiedliche Folgen für den Planeten.

Zuchtlachs aus Aquakultur steht oft wegen der Fütterung in der Kritik: Einerseits handelt es sich um einen Raubfisch, der mit eigens dafür gefangenen Wildfischen gefüttert wird. Zusätzlich frisst der gezüchtete Lachs Soja – welche Auswirkungen der weltweite Sojaanbau hat, steht auf Seite 15. »Immerhin arbeiten die norwegischen Zuchten inzwischen mit zertifiziertem Soja, was verhindern soll, dass Regenwald für den Sojaanbau abgeholzt wird«, erklärt der WWF. Norwegen wäre also ein vergleichsweise gutes Herkunftsland für unseren Lachs.

Zuchtlachs aus Chile? Besser nicht!

Doch auch in Chile boomt die Lachszucht. Hier kommt der Fisch allerdings nicht natürlicherweise vor. Wenn es zum Ausbruch von Lachsen aus der Aquakultur kommt, kann das zu erheblichen Problemen führen, da nicht geklärt ist, welchen Schaden Zuchtfische in der Umwelt anrichten. Werden viele Fische in engen Netzkäfigen gehalten, können sich außerdem Parasiten wie die Lachslaus vermehren – und von dort aus auch auf wildlebende Fische übergehen.

Um das zu vermeiden und möglichst nachhaltigen Lachs aus Aquakultur zu kaufen, sollten wir bestenfalls strenge EU-Bioqualität kaufen (auch wenn der Fisch dann deutlich teurer ist).

Doch auch Lachs aus Wildfang kann eine relativ nachhaltige Wahl sein: »Die Bestände in Alaska und Russland sind stabil«, sagt der WWF. Außerdem werden für den Fang meist sogenannte pelagische Schleppnetze eingesetzt, die den Meeresboden nicht berühren und bei denen der Beifang von anderen Fischen gering ist. Die Umweltauswirkungen dieser Netze sind laut WWF »minimal« – also eine vertretbare Lösung. In hiesigen Supermärkten trägt Wildlachs fast immer das MSC-Siegel für nachhaltige Fischerei. Das ist vielen Umweltschützern zwar nicht streng genug, aber immerhin eine erste Orientierung und besser als Fisch ganz ohne Siegel.

Problematisch ist Wildlachs aus europäischen Meeren. Der Bestand in Ostsee und Nordostatlantik gilt als kritisch, teilweise sind die Gegenden überfischt. In der Ostsee werden Lachse oft mit Stellnetzen gefangen, die viele Beifänge haben – sogar Seevögel und Schweinswale. Deshalb gilt hier: Lieber Finger weg.

Kurz gesagt

1. *Es kommt auf die Herkunft an: Zuchtlachs ist unter strengen EU-Biokriterien zu empfehlen, aus Chile nicht.*
2. *Wildlachs sollte aus Russland oder Alaska stammen – und nicht aus der überfischten Ostsee.*

AVOCADO ODER ANANAS?

So angesagt die Avocado ist, so riesig sind die Schäden, die ihre Beliebtheit in der Umwelt anrichtet. Der Wasserverbrauch für den Anbau ist gigantisch. Viele Weltretter widersetzen sich deshalb dem Trend. Sie kaufen keine Avocado mehr und verzichten auf Smoothies, Kuchen oder Dips, die das »Superfood« enthalten.

Ist die Avocado denn wirklich die klimaschädlichste Frucht überhaupt, wie es manchmal scheint? Wäre der Kauf von anderen weit entfernt wachsenden Obstsorten – zum Beispiel der Ananas – wirklich nachhaltiger?

1000 Liter Wasser für ein Kilo Avocado

So einfach ist die Antwort leider nicht. Gucken wir uns zuerst an, wie verheerend die Folgen des Avocado-Booms tatsächlich sind. Avocados brauchen zum Wachsen viel Sonne, aber auch extrem viel Wasser. Für ein Kilo sind rund 1000 Liter Wasser notwendig. Das ist vor allem in den trockenen Gegenden problematisch, in denen Avocados zu Hause sind. Oft wird Grundwasser hochgepumpt oder Wasser aus Flüssen abgezwackt – wodurch es an anderen Stellen fehlt.

Mexiko ist das weltweit wichtigste Anbaugebiet für Avocados, von hier aus werden vor allem die avocadohungrigen US-Amerikaner bedient. Um den immer weiter steigenden Bedarf zu decken, holzen Produzenten oft illegal Wälder für neue Anbaugebiete ab. In Peru und Chile (woher der Großteil der zu uns

importierten Avocados stammt) sieht es ähnlich aus. Außerdem wachsen die Früchte oft in riesigen Monokulturen.

Deutschland gilt als einer der am schnellsten wachsenden Märkte für Avocados. Laut Statistischem Bundesamt wurden im Jahr 2017 knapp 70 000 Tonnen importiert – 2013 waren es gerade mal 31 000. Und selbst wenn wir auf Bio-Qualität achten und versuchen, Avocados aus möglichst fairem Handel von kleinen Plantagen zu bekommen (was die Lage immerhin etwas besser macht) – bis in unsere Küche müssen die Früchte einen langen Weg zurücklegen. Sie kommen mit dem Schiff aus Peru oder Chile, manchmal auch mit dem Lkw aus Spanien. Damit die Avocados bis zum Verkauf frisch bleiben, werden sie aufwendig heruntergekühlt, was natürlich Energie benötigt.

Gut zu wissen

→ *Man kann einen Avocadokern auch einpflanzen und so eine eigene Avocadopflanze heranzüchten. So verlockend der Gedanke klingt: Früchte wird man so nicht ernten können – dafür wären zwei unterschiedliche Bäumchen nötig, deren Blüten sich zur Bestäubung gleichzeitig öffnen.*

Bei all dem kann einem schon der Appetit vergehen. Doch mit den massiven Problemen steht die Avocado nicht allein da. Auch die Ananas, die wir uns als Abwechslung zu regionalen Äpfeln oder Birnen gönnen könnten, steht in der Kritik.

Ihr Hauptanbaugebiet ist Costa Rica. Dort haben Farmbetreiber riesige Flächen Regenwald abgeholzt, um Anbaufläche für die begehrte Frucht zu schaffen. Wie auch Avocados wachsen Ananas oft in riesigen Monokulturen, auf denen im großen Stil Pestizide versprüht werden. Diese vergiften das Grundwasser und auch die Arbeiter vor Ort leiden unter den Umweltgiften.

Gut zu wissen

→ *Wenn sowieso schon Ananas gezüchtet werden, warum dann nicht auch die Blätter benutzen? Ein spanisches Start-up hat daraus sogenanntes Ananas-Leder entwickelt, das eine nachhaltige Alternative zu tierischem Leder werden soll – bei Kleidung, Accessoires und sogar Autositzen.*

Bei Bio-Früchten sieht es zumindest mit Blick auf die Pestizide besser aus, doch Kritiker behaupten, dass die Plantagen oft direkt neben den konventionellen Anbaugebieten liegen. Außerdem wachsen auch auf Bioflächen teilweise Ananas-Monokulturen, die unseren Planeten belasten. Und auch die Ananas muss – zum Beispiel aus Costa Rica – erst einmal in gekühlten Containern zu uns transportiert werden. Immerhin: Der Wassereinsatz bei Ananas ist deutlich geringer, 255 Liter sind pro Kilo nötig.

Kurzer Exkurs zur Banane: Bananen sind gesund, lecker und beliebt, sie könnten zumindest in Smoothies eine cremige Avocado-Alternative sein. Doch auch hier gibt es große Probleme mit

Monokulturen, auf denen sich Schädlinge schnell verbreiten – die wiederum oft mit Pestiziden bekämpft werden. Und regional sind Bananen hier ebenfalls nicht zu bekommen. Fazit: Auch Bananen sind kein besonders klimafreundliches Obst.

Was machen wir nun mit diesem Wissen? Ganz offensichtlich sind die besprochenen Früchte nicht wirklich gut für Umwelt und Gewissen. Doch der Wasserverbrauch für Avocado ist deutlich höher als der für Ananas. Vielleicht muss es also nicht täglich ein Smoothie mit Avocado sein und ständig eine Guacamole? Und auch zum Besuch eines Avocado-Restaurants (ja, das gibt es tatsächlich) lässt sich sicher eine Alternative finden – genau wie zu Pizza Hawaii und Pina Colada, wenn wir gleichzeitig den Ananaskonsum herunterfahren wollen.

Egal, ob Ananas oder Avocado: Beides darf mal sein, sollte aber nicht täglich auf dem Speiseplan stehen.

Kurz gesagt

1. *Avocados stehen zu Recht in der Kritik: Pro Kilo werden rund 1000 Liter Wasser benötigt, in den meist trockenen Anbaugebieten ist das besonders dramatisch.*

2. *Ananas sorgen ebenfalls durch Monokulturen und Waldabholzung für Probleme. Doch der Wasserbedarf ist geringer.*

3. *Beide Früchte sollten selten auf dem Teller landen – und dann am besten aus fairem Bio-Anbau.*

BUTTER ODER MARGARINE?

Was darf es auf dem Brötchen sein – Butter oder Margarine? Klimaschützer haben eine klare Antwort. Butter ist der große Umwelt-Bösewicht, sie gilt als eines der klimaschädlichsten Lebensmittel überhaupt. Der WWF hat ausgerechnet, dass für ein Kilo Butter knapp 15 Kilo CO_2 abgegeben werden. In anderen Quellen ist sogar von 24 Kilo die Rede. Die Produktion von einem Kilo Butter benötigt nämlich rund 20 Liter Milch (bei Käse sind es je nach Art 4 bis 15 Liter). Bis diese Menge aus einer Kuh gemolken ist, produziert das Tier eine ganze Menge klimaschädliches Methan (siehe Seite 8). Hinzu kommt die Verarbeitung der Milch, der Transport und die Kühlung bis zum Verkauf.

Und wie sieht es mit Margarine aus? Laut WWF werden bei einem Kilo pflanzlichem Fett nur rund 2,5 Kilogramm Treibhausgas-Emissionen fällig. Forscher aus Skandinavien und Großbritannien haben sich ebenfalls mit der Frage beschäftigt, welcher der beiden Aufstriche mit Blick auf verschiedene Faktoren besser für den Planeten ist. Ergebnis: Die Belastungen von Margarine sind weniger als halb so hoch wie die von Butter.

Kurz gesagt

→ *Bei der Produktion von Butter entstehen deutlich mehr Treibhausgase als bei Margarine. Butter gilt als eines der klimaschädlichsten Lebensmittel überhaupt.*

HONIG ODER AHORNSIRUP?

Wenn es um nachhaltige Ernährung geht, wollen viele Menschen tierische Produkte vermeiden. Welche Rolle spielt dabei Honig, der mithilfe von Bienen gewonnen wird? Ist der rein pflanzliche Ahornsirup ein umweltfreundlicheres Süßungsmittel?

Nein, denn mit Blick aufs Klima ist Honig im Vorteil – zumindest, wenn wir darauf achten, dass er möglichst aus unserer direkten Umgebung stammt. »Lokaler Honig muss nur kurze Transportdistanzen zurücklegen, deshalb ist er Ahornsirup vorzuziehen«, erklärt Nachhaltigkeitsexperte Robert Böhnke. Denn Ahornsirup wird traditionell vor allem in Kanada produziert und dort im Frühjahr im großen Stil aus den Stämmen der Ahornbäume abgezapft.

Mein Tipp

→ *Wenn Sie selbst in die Honig-Gewinnung einsteigen wollen, können Sie einen Imker-Workshop besuchen. Solche Kurse werden in vielen Gegenden hierzulande angeboten.*

Honig aus der eigenen Stadt

Im Gegensatz zu Ahornsirup kann Honig eigentlich überall gewonnen werden – selbst in Großstädten gibt es immer mehr Imker, über die wir wirklich lokalen Honig bekommen können. Das ist erstens gut fürs Klima und unterstützt zweitens kleine Produzenten abseits der Massenindustrie.

Anders sieht es bei exotischen Honig-Sorten aus, zum Beispiel dem Manuka-Honig, der auf verschiedensten Wegen die Gesundheit fördern soll und daher ziemlich beliebt (und entsprechend teuer) ist. Dieser Honig wird aus dem Nektar der Südseemyrte hergestellt, die vor allem in Neuseeland wächst. Wegen der immer höher werdenden Nachfrage gibt es mittlerweile professionell betriebene Plantagen – und längst nicht alle werden nachhaltig und nach Öko-Standards betrieben. Wenn Sie sich diesen Honig gönnen wollen, sollten Sie zumindest auf Bio-Siegel achten (und die immense Transportdistanz im Hinterkopf haben).

Unabhängig davon, woher unser Honig stammt: Mit dem weltweiten und dramatischen Bienensterben hat der Konsum dieses Süßungsmittels im Normalfall nichts zu tun. Für dieses Problem gibt es verschiedene Erklärungsversuche und eine Lösung wird noch immer gesucht. Unter anderem machen Wissenschaftler die industrielle Landwirtschaft mit riesigen Monokulturen und übermäßigem Einsatz von Pestiziden dafür verantwortlich.

Kurz gesagt

1. *Ahornsirup stammt traditionell aus Kanada, Honig können wir regional kaufen – so ist er besser fürs Klima.*

2. *Anders sieht es zum Beispiel bei Manuka-Honig aus Neuseeland aus. Wenn Sie den kaufen möchten, achten Sie wenigstens auf Bio-Siegel.*

CHIA- ODER LEINSAMEN?

Der Hype um Chiasamen mag seinen Höhepunkt schon überschritten haben – aber nun liegen sie in fast jedem Supermarkt. Kritiker sagen: Wenn es um die gesunden Inhaltsstoffe wie wertvolle Fettsäuren und Ballaststoffe geht, können wir auch die günstigeren Leinsamen kaufen. Profitiert auch das Klima davon?

Eindeutige Antwort: Ja, denn wenn Sie Chiasamen kaufen, belastet das den Planeten mehr. Das vermeintliche Superfood wächst vor allem in Mittelamerika. Von dort aus muss es zu uns transportiert werden, was wieder CO_2 in die Atmosphäre schickt.

»Wer Leinsamen aus regionaler Produktion kaufen kann, sollte sie auf jeden Fall gegenüber Chiasamen bevorzugen«, sagt deshalb Robert Böhnke vom Nachhaltigkeitsrat. »Auch der Wassereinsatz für den Anbau ist geringer als in heißen Gegenden. Hinzu kommt, dass die Erträge von Chiasamen geringer sind und in den Anbaugebieten wichtige Ackerflächen für die Produktion von Grundnahrungsmitteln verloren gehen.« Mitverantwortlich ist auch die steigende Nachfrage nach Chiasamen durch den Superfood-Hype in Industrieländern.

Kurz gesagt

→ *Leinsamen können auch hierzulande angebaut werden und belasten das Klima so deutlich weniger als die meist von weit her importierten Chiasamen.*

MANDELN ODER HASELNÜSSE?

Nüsse sind gesund, Nüsse sind angesagt, nicht nur als Snack, sondern auch in Form von Mus oder veganem Milchersatz (siehe auch Seite 8). An Umweltprobleme denken viele Käufer vermutlich nicht, wenn sie Mandeln oder Haselnüsse kaufen. Doch sie sind vorhanden, das heißt, Sie können mit der Wahl der Nusssorte einen Unterschied bewirken.

Die Mandeln, die wir im Handel kaufen, stammen häufig aus Kalifornien, dort liegt das weltweite Hauptanbaugebiet. Romantische Vorstellungen von blühenden Mandelbäumen, die auf kleinen, sonnigen Plantagen wachsen, sollten wir uns aber nicht machen. Um den weltweiten Bedarf zu decken, werden oft riesige Monokulturen angelegt. Zur Abwehr von Schädlingen kommt es im konventionellen Anbau zu Pestizideinsatz.

Auch der Ablauf der Bestäubung steht in der Kritik: Imker bringen aus dem ganzen US-Gebiet Bienenvölker zur Bestäubung in die Anbaugebiete. Das dramatische Bienensterben sorgt hier für Probleme. Ob der Transport in die Monokulturen und der Einsatz von Pestiziden auf den Plantagen eine Rolle dabei spielen, ist noch ungeklärt, doch Tierschützer sind einig: Artgerecht ist der Umgang mit Bienen im lukrativen Mandelgeschäft nicht.

Ein weiteres Problem beim Anbau von Mandeln ist der immense Wasserverbrauch: Für die Herstellung von einem Kilogramm kalifornischer Mandeln sind im Schnitt 10 240 Liter Wasser nötig. Das sind zwölf Liter für eine einzige Mandel.

Also lieber Haselnussprodukte kaufen, wenn uns der Sinn nach Nussmus oder -drink steht? Ganz so einfach ist es leider nicht. Denn auch wenn der Wasserverbrauch niedriger ist (laut »Water Foodprint Network« ist es pro Kilogramm etwa ein Drittel Wasser weniger), sorgt die Haselnuss für Probleme. Etwa 75 Prozent der weltweit angebauten Haselnüsse stammen aus der Türkei. Sie werden dort in Handarbeit gepflückt und immer wieder gibt es erschreckende Berichte über Kinderarbeit. Das stellt zwar keine Klimabelastung im eigentlichen Sinne dar, ist aber wohl trotzdem nichts, was Weltretter unterstützen wollen.

Eine Lösung: Kaufen Sie regional angebaute Nüsse – denn möglich ist das. Haselnüsse können theoretisch überall bei uns wachsen, Mandeln vor allem in Weinbaugebieten. Das Ausmaß ist begrenzt, aber wem es ernst ist, der kann fündig werden. Wenn Sie im Supermarkt einkaufen, achten Sie darauf, Nüsse in Bio-Qualität zu kaufen, und nehmen Sie lieber Mandeln aus Spanien statt aus Kalifornien.

Kurz gesagt

1. *Konventionelle Mandeln stammen oft aus Kalifornien, wo Monokulturen und der immense Wasserverbrauch für Probleme sorgen. Haselnüsse sind die klimafreundlichere Wahl, allerdings kommt es auf den Plantagen oft zu Kinderarbeit.*
2. *Am besten: Bio-Nüsse und so regional wie möglich kaufen.*

BIO

KONSUM: WAS UND WIE WELTRETTER EINKAUFEN

Jeder Deutsche sorgt pro Jahr für mehr als 220 Kilogramm Verpackungsmüll – und wirft 55 Kilogramm Lebensmittel weg. Weltrettung sieht anders aus. Ob es nachhaltiger ist, Kleidung oder Getränke nach Hause zu bestellen, wann Papiertüten wirklich besser sind als Plastik, wie wir welche Lebensmittel am klimafreundlichsten einkaufen und warum ein Palmöl-Boykott auch keine Lösung ist – auf den nächsten Seiten finden Sie alle wichtigen Informationen für die tägliche Einkaufstour und den nächsten Shoppingtrip.

WASSER AUS GLAS- ODER PLASTIKFLASCHEN?

Plastik vermeiden: Das ist gerade angesagt und in vielen Fällen wirklich sinnvoll. Doch bei Wasserflaschen ist es nicht immer der beste Weg, von Plastik auf Glas umzusteigen, denn ob diese Entscheidung wirklich nachhaltig ist, hängt von verschiedenen Faktoren ab.

Zuerst einmal: Die umweltfreundlichste Art, den Durst zu stillen, ist Leitungswasser (siehe Seite 18). Wenn Ihnen das nicht zusagt, sollten Sie beim Kauf von Mineralwasser unbedingt darauf achten, dass es sich um Mehrwegflaschen handelt. Und das ist nicht bei allen Pfandflaschen der Fall: Denn bei den 1,5-Liter-Flaschen, die oft beim Discounter im Regal stehen, zahlt man zwar 25 Cent Pfand und bringt sie später wieder zum Automaten, danach werden sie allerdings geschreddert und recycelt. Das ist natürlich viel besser, als die Plastikflaschen einfach wegzuwerfen – mit einem Mehrwegsystem hat das aber nichts zu tun.

Wie oft wird welche Flasche gefüllt?

Beim Vergleich von Mehrwegflaschen aus Plastik (die meistens mit 0,7 Liter Inhalt in Kästen verkauft werden) und aus Glas hängt die Entscheidung unter anderem davon ab, wie oft eine Flasche wiederverwendet werden kann – und hierbei liegt Glas vorne. »Flaschen aus Glas können etwa 50-mal gespült und verwendet werden, bei Plastikflaschen sind es etwa 25-mal«, erklären die Experten vom NABU.

Ein weiteres Kriterium: Wo wird das Wasser abgefüllt, wo wird es verkauft und wo wird es getrunken? Wir sollten darauf achten, dass diese Orte möglichst nah beieinander liegen, uns also ein Mineralwasser suchen, das aus der Nähe stammt.

> *Gut zu wissen*
>
> - *PET-Flaschen sind ein beliebtes Material in der Textilproduktion geworden: Viele Anbieter stellen Kleidungsstücke oder Rucksäcke aus dem Kunststoff her. Umweltschützer kritisieren aber: Der Prozess ist aufwendig, benötigt viel Energie und chemische Stoffe. Besser wäre es, weniger PET zu verbrauchen.*

Je größer die Entfernungen, desto höher Spritverbrauch und CO_2-Emissionen – und desto schlechter schneidet Glas ab. »Je weiter die Transportwege sind, desto ausschlaggebender ist das Gewicht des Materials«, stellt der NABU klar. Eine Mehrwegflasche aus Glas ist deutlich schwerer als die Alternative aus Kunststoff. Eine PET-Einweg-Flasche ist zwar der Sieger im Gewichtsvergleich – allerdings besteht hier die Wegwerf-Problematik.

Wenn Sie wirklich ins Detail gehen wollen, können Sie sich anschauen, ob es sich beim Lieblingswasser um Pool- oder Individualflaschen handelt. Auch wenn die meisten Käufer wohl noch nie von dieser Einteilung gehört haben, macht sie einen Unterschied. Als Poolflaschen werden Flaschen bezeichnet, die von mehreren Herstellern benutzt werden und demnach alle gleich

aussehen. Das ist besonders praktisch und umweltschonend, weil diese Flaschen überall gereinigt und wieder befüllt werden können, sie müssen nicht zum Abfüllort zurück.

Individuelle Flaschen: schick, aber umweltfeindlich

Anders sieht es bei Individualflaschen aus, bei denen zum Beispiel der Markenname ins Glas geprägt ist oder die eine besondere Form haben: Sie können nur von einem Hersteller verwendet werden und müssen immer wieder an den Abfüllort zurück transportiert werden. Das ist besonders problematisch, wenn es sich um Glasflaschen handelt, die aus einem anderen Teil der Republik oder sogar einem anderen Land stammen. Bei dieser Variante sollten Weltretter kein gutes Gefühl haben – auch wenn sie es geschafft haben, Plastik komplett aus der Küche zu verbannen.

Kurz gesagt

1. *Kaufen Sie wenn möglich Wasser in Mehrwegflaschen – die Wahl des Materials kommt an zweiter Stelle.*

2. *Glasflaschen sind grundsätzlich besser für die Umwelt, weil sie etwa doppelt so oft gereinigt und wiederverwendet werden können wie Plastikflaschen.*

3. *Das Wasser sollte in der Nähe abgefüllt worden sein. Je weiter der Transportweg, desto schlechter schneiden Glasflaschen ab.*

KAFFEEKAPSELN ODER FILTERKAFFEE?

Manche Menschen brauchen ihn jeden Morgen – genau wie am Vormittag und später gegen das Nachmittagstief. Kapselmaschinen können praktisch sein, wenn man sich immer wieder eine einzelne Tasse Kaffee wünscht. Gleichzeitig haben sie den Ruf, die Umwelt massiv zu belasten. Ist Filterkaffee nachhaltiger?

Die Deutsche Umwelthilfe bezieht dazu eindeutig Stellung – sie fordert ein EU-weites Verbot von Einweg-Kaffeekapseln. »Nach unseren Berechnungen ist für ein Kilogramm Kaffee in den Alu-Kapseln bestimmter Hersteller ein Aluminiumbarren von 270 Gramm erforderlich, hinzu kommen 670 Gramm bedruckte Pappe«, sagen die Experten. »Das ergibt fast ein Kilogramm Müll für ein Kilo Kaffee.«

Sondergenehmigung für Kapsel-Entsorgung

Hersteller halten dagegen: Bestehen die Kapseln aus reinem Aluminium, können sie vergleichsweise gut recycelt werden. In Deutschland dürfen die Kapseln von Marktführer Nespresso in den Gelben Sack oder die Wertstofftonne geworfen werden, das Unternehmen hat dafür eine Sondervereinbarung getroffen. Dadurch stehen diese Kapseln noch vergleichsweise gut da. »Das Vollaluminium wird aussortiert und im Anschluss aufgeschmolzen, dabei stört das enthaltene Kaffeepulver nicht, weil es verbrennt und zusätzliche Energie liefert«, erklärt der BUND. »Somit sind die Kapseln im Recyclingprozess zwar unproblematischer als

andere – aber die Herstellung von Aluminium bleibt aufwendig und benötigt immense Mengen an Energie.«

Umweltexperten raten deshalb, Aluminium nur dort zu verwenden, wo es eine lange Lebensdauer hat. Also nicht bei Alufolien (siehe Seite 83) und auch nicht bei Kaffeekapseln. Noch schlechter geeignet sind aber Kapseln, die aus Aluminium-Kunststoff-Gemischen bestehen, da Recycling bei einer Kombination verschiedener Materialien grundsätzlich schwieriger ist. Nicht gemacht für Weltretter ist die Variante, Kaffeekapseln zu benutzen und sie in den Restmüll zu werfen – wenn schon Kapsel, dann sollte die Chance bestehen, das Material zu recyceln.

Die größten Probleme: Anbau und Zubereitung

Wäre Filterkaffee eine deutlich bessere Alternative? Der anfallende Müll ist offensichtlich geringer, doch hier kommt es immer auf den Einzelfall an. Studien zeigen, dass die meisten Belastungen durch Kaffee bei Anbau und Zubereitung entstehen. »Bei einem durchschnittlichen Kaffee macht die Kapsel rund ein Viertel der Umweltbelastung aus«, sagen Forscher der Schweizer Eidgenössischen Materialprüfungs- und Forschungsanstalt (Empa). Zuallererst sollten wir also darauf achten, woher unser Kaffee stammt und wie dieser angebaut wurde (siehe Seite 19).

Können wir mit reinem Gewissen sagen, dass es sich um nachhaltig angebauten Hochlandkaffee handelt, ist das ein guter Anfang. Bergab geht es dann aber, wenn wir in der klassischen

Filtermaschine eine ganze Kanne kochen – und am Ende die Hälfte wegschütten, weil die Menge zu groß war. Ähnlich sieht es bei löslichem Kaffee aus, der in heißes Wasser gerührt wird. Auch diesen haben die Wissenschaftler aus der Schweiz im Vergleich zu Filter- und Kapselkaffee untersucht. Ihr Fazit: »Unter der jeweiligen Annahme, dass beim Filterkaffee die ganze aufgebrühte Kanne getrunken und beim löslichen Kaffee nur so viel Wasser erhitzt wird wie auch benötigt, schneiden diese beiden Zubereitungsarten pro Tasse Kaffee mit Abstand am besten ab.« Auch klassische Espressokocher, French-Press-Kannen oder ein sogenannter Cold Brew im Sommer können eine Alternative sein.

Sollte es (aus welchen Gründen auch immer) nicht möglich sein, nur die nötige Menge loses Kaffeepulver zuzubereiten, kann eine Kapsel im Ausnahmefall vertretbar sein – wenn sie später recycelt wird und der Inhalt aus nachhaltigem Anbau stammt.

Kurz gesagt

1. *Wenn der aufgebrühte Kaffee komplett getrunken wird, ist eine Filtermaschine die nachhaltigere Wahl.*

2. *Wenn Sie eine Kapselmaschine nutzen, achten Sie darauf, dass die Kapseln recycelt werden können.*

3. *Drei Viertel der Umweltbelastungen durch Kaffee entstehen durch Anbau und Zubereitung – wir sollten in erster Linie sicherstellen, dass er nachhaltig produziert ist.*

ÄPFEL VON HIER ODER AUS NEUSEELAND?

Regionales Obst ist immer besser – oder? Ganz so einfach ist die Lage nicht. Wenn Äpfel bei uns keine Saison haben, kann die Alternative aus Übersee unter bestimmten Voraussetzungen sogar umweltschonender sein.

Äpfel werden hierzulande etwa von August bis November geerntet. In dieser Zeit ist die Antwort eindeutig: Wer regional einkauft (und am besten noch bio), schützt den Planeten. Allerdings können wir auch im Frühjahr noch deutsche Äpfel kaufen, die knackig-frisch im Supermarkt liegen. Um das zu schaffen, werden die Früchte aufwendig gekühlt und gelagert. Und das kostet Energie. »Stellt man diesem Apfel nun einen frischen Apfel aus Neuseeland gegenüber, der zwar einen wesentlich weiteren Transport mit dem Schiff zu uns hinter sich hat, kann der neuseeländische Apfel möglicherweise trotzdem die bessere Ökobilanz vorweisen«, sagt das Umweltbundesamt. Wir als Verbraucher können es dem Obst nicht ansehen, dafür liegen im Normalfall zu wenig Informationen über Erntezeit und Art der Lagerung (in beiden Ländern) vor.

Im Frühjahr kippt die Lage

Fest steht: Je länger der deutsche Apfel gelagert wird, desto schlechter fällt seine Bilanz aus. Auf einen genauen Zeitpunkt, wann der Apfel aus Übersee nachhaltiger ist, haben sich Wissenschaftler nicht geeinigt. Im Dezember und Januar könnte der hiesige Apfel noch überlegen sein, spätestens im Mai oder Juni aber kippt die

Lage. Dann sollten wir uns fragen: Muss es jetzt ein Apfel sein, oder wollen wir uns stattdessen an Erdbeeren gütlich tun?

Neuseeländische Äpfel haben in unserem Frühling Saison, sie sind dann meist vier Wochen im Containerschiff unterwegs. Das klingt aufwendig, doch heruntergerechnet auf einen Apfel ist die CO_2-Bilanz überschaubar. Es gibt Berechnungen, dass die Reise von einem Kilogramm Obst aus Übersee mit dem Schiff 570 Gramm CO_2 erzeugt, innerhalb unseres Landes wären es 230 Gramm. 340 Gramm Unterschied sind zwar beachtlich – aber wer mit dem Auto 1,5 Kilometer fährt, sorgt für die gleiche Emission. Abgesehen von der Herkunft der Früchte zählt also das eigene Verhalten: Parken Sie besser Ihr Rad statt den SUV vor dem Supermarkt.

Außerdem wichtig (und unabhängig von der Herkunft): Wie wurden die Äpfel angebaut? Streuobstwiesen sind besser als riesige Plantagen, biologische Produktion ist umweltschonender als konventioneller Anbau mit Pestizideinsatz. Für die Artenvielfalt sind alte Apfelsorten wie Cox Orange, Gravensteiner oder Boskop von Vorteil – und nicht die sogenannten Clubsorten, die oft durch spezielle Züchtungen möglichst lange frisch aussehen.

Kurz gesagt

→ *Wenn Äpfel bei uns Saison haben, sollten sie unbedingt regional gekauft werden. Ab dem Frühjahr kann das Obst aus Neuseeland die nachhaltigere Wahl sein.*

MAIS AUS DEM GLAS ODER DER KONSERVENDOSE?

Wer Mais oder andere Lebensmittel in einem Glas kauft, dieses später ordnungsgemäß in den Container wirft (und vorher den Deckel abgeschraubt hat, siehe Seite 123), der könnte sich dabei ziemlich klimaschützend fühlen. Doch leider trügt das Gefühl: Denn Glas ist nicht immer eine gute Lösung.

»Das Glas und die Konservendose haben beide eine schlechte Ökobilanz«, sagt Robert Böhnke vom Nachhaltigkeitsrat. »Zwar ist bei Glas die Recyclingquote sehr hoch, aber das Gleiche gilt für den Energieaufwand.« Denn Glas muss extrem hoch erhitzt werden, damit es schmilzt. »Am Ende sind Glas und Konservendose mit Blick auf die Nachhaltigkeit ungefähr auf dem gleichen Level«, sagt deshalb auch der BUND.

Gut zu wissen

→ *Mais wird vor allem in den USA und China angebaut, er wächst aber auch bei uns. Hier hat er ungefähr von August bis Oktober Saison. Dann bekommen Sie ihn frisch, regional und sogar unverpackt.*

Wenn möglich, sollten wir das Gemüse am besten lose kaufen oder zumindest vakuumverpackt. Bei dieser Variante ist zwar auch eine dünne Plastikhülle um den Maiskolben gespannt, aber die Abfallmenge ist geringer. Bei Verpackungen aus Glas kommt es natürlich auch auf die Transportwege an, denn das vergleichsweise

hohe Gewicht (rund 200 Gramm für ein mittelgroßes Glas im Verhältnis zu etwa 60 Gramm bei der Dose) schlägt auf die Bilanz, wenn die Entfernungen groß sind. Bei Dosentomaten aus Italien macht die Dose also durchaus Sinn – kaufen wir in Berlin Spreewaldgurken im Glas, dann ist der Transportaufwand weniger dramatisch.

Ein neues Leben fürs Einwegglas?

Wichtig ist in beiden Fällen: Die Verpackung am Ende richtig entsorgen. Das Glas zum Container bringen, die Dose je nach kommunaler Regelung in Gelben Sack oder Wertstofftonne werfen. Noch besser wäre es natürlich, das Glas weiterzuverwenden, wenn wir Marmelade kochen oder es mit zum Unverpacktladen nehmen, um dort zum Beispiel Nüsse darin abzufüllen. Das geht mit einer benutzten Konservendose nicht – hier wäre also das Glas der Sieger im Nachhaltigkeitsvergleich.

Kurz gesagt

1. *Werden Glas und Konservendose nur einmal benutzt, liegen sie etwa gleichauf – und keine Variante ist wirklich nachhaltig.*

2. *Je weiter der Transportweg, desto schlechter schneidet das deutlich schwerere Glas ab.*

3. *Der Vorteil von Glas: Es lässt sich nach der ersten Verwendung noch mal benutzen. So wird es zum Klimaschützer.*

GEMÜSE IN PLASTIKHÜLLE ODER OHNE?

Wer in einem normalen Supermarkt Gemüse kauft, steckt oft in der Zwickmühle: Bio-Paprika in Plastikhülle kaufen oder die konventionelle Alternative, die unverpackt ist? Das Gleiche gilt für die Gurke, bei der die Folie besonders stark kritisiert wurde – woraufhin viele große Supermarktketten die Plastikhülle entfernten. Doch ist das wirklich nachhaltiger?

Auf den ersten Blick mag die Antwort einfach sein: Eine Gurke in Plastik, das muss nicht sein. Lange hieß es, die Hülle ums Gemüse sei notwendig, um Transportschäden zu vermeiden. Gurken haben bei uns von etwa Juni bis September Saison, in dieser Zeit legen sie relativ kurze Strecken zurück, bis sie im Supermarkt liegen. Anders sieht es im restlichen Jahr aus: Wer dann nicht auf Gurken verzichten kann, bekommt sie meist aus Spanien. Abgesehen von den höheren CO_2-Emissionen sorgt das für Probleme, weil die Gurken auf dem Weg geschützt werden müssen. Diesen Zweck erfüllt die Folie – ließe man sie weg, müssten viel mehr Produkte aussortiert werden, hieß es von Händlern. Denn matschige Gurken machen sich nicht gut im Verkauf.

Dann kam bei mehreren Supermarkt-Ketten die Kehrtwende: Groß haben sie verkündet, die Gurke liege künftig plastikfrei im Regal. Und die Transportschäden? Man habe die logistischen Abläufe optimiert. Weniger Zwischenstopps und insgesamt kürzere Wege sollen dafür sorgen, dass es die Gurke es auch ohne Plastik frisch und knackig zu uns schafft.

Aus Weltretter-Sicht klingt das vernünftig. Doch kurz nach dem Abschied von der Gurkenfolie in vielen Supermärkten gab es Berichte darüber, dass nun deutlich mehr Gurken vernichtet werden müssen, weil sie den Transport nicht unversehrt überstehen. Das kann natürlich auch keine Lösung sein. Das wirklich sinnvolle Vorgehen wird offenbar noch gesucht.

Wenn Sie alles richtig machen wollen, gibt es zum Glück dennoch einen Ausweg aus dem scheinbaren Dilemma: Kaufen Sie Gurken (zumindest meistens) nur dann, wenn sie hierzulande Saison haben. Ohne Plastikhülle, ohne weite Transportwege und ohne schlechtes Gewissen.

Mein Tipp

→ *Noch besser als unverpackte Gurken kaufen: sie selbst anbauen. Das geht im Garten und auch auf dem Balkon, solange man einen geeigneten Platz findet. Gurken benötigen viel Wärme und Sonne.*

Auch bei anderen Gemüsesorten gibt es das Verpackungsproblem: Lose angebotene Zucchini aus konventionellem Anbau oder die Bio-Alternative in der Plastikhülle – eine häufig angebotene Variante. Was hier richtig ist, da sind sich Umweltexperten uneinig. »Man sollte besser das unverpackte Gemüse kaufen, auch wenn es aus konventionellem Anbau stammt«, rät der BUND. Robert Böhnke, Referent in der Geschäftsstelle des Nachhaltigkeitsrates,

empfiehlt, eher das Bio-Produkt in der Verpackung zu kaufen, wenn die Kombination »bio und unverpackt« nicht zu haben ist. Hier muss jeder Käufer selbst entscheiden, was ihm wichtiger ist: Plastik vermeiden oder gegen Pestizide kämpfen?

Gut zu wissen

→ *Dass im Supermarkt oft Bio-Gemüse eingeschweißt ist, liegt daran, dass es gekennzeichnet werden muss. Da der Anteil von konventionellem Gemüse meist größer ist als der von Bioprodukten, trägt Bio Plastik. Inzwischen gibt es aber umweltfreundlichere Wege wie Laser-Etiketten oder Banderolen.*

Vor allem sollten wir die Plastikfrage nicht nur in der Gemüseabteilung stellen, empfiehlt Robert Böhnke: »Häufig wird an einigen Stellen öffentlichkeitswirksam Plastik reduziert, während in anderen Regalen die Zahl der Produkte, die einzeln in Plastik verpackt sind, zunimmt.« Daher überlegen Sie beim nächsten Mal, ob es die Schokoladenstückchen in Mini-Verpackungen sein müssen oder ob eine ganze Tafel nicht genauso lecker wäre …

Kurz gesagt

→ *Bei Gurken dient die Plastikhülle zum Schutz vor Transportschäden, sie kann außerhalb der Saison Lebensmittelverschwendung reduzieren. Am besten wäre es, Gurken und anderes Gemüse regional und saisonal zu kaufen – ganz ohne Verpackung.*

WEIN MIT KORKEN ODER DREHVERSCHLUSS?

Ob rot oder weiß, im Weinregal stehen Flaschen mit Drehverschluss neben denen mit Korken. Auf Qualität und Geschmack soll der Verschluss keine große Auswirkung haben – doch bei der Mission Klimaschutz macht er einen Unterschied.

Weintrinkende Weltretter setzen klar auf Naturkorken: »Denn nur so können sie zum Erhalt wichtiger Biotope beitragen«, sagt der BUND. Gemeint sind Korkeichenwälder, die es nur im Mittelmeerraum gibt und die einen großen Beitrag zum Klimaschutz leisten. »Alle Korkeichenwälder verwandeln jährlich 14 Millionen Tonnen des Treibhausgases Kohlendioxid in vielseitig verwendbaren Kork«, so die Umweltexperten. Außerdem sind die Wälder Heimat seltener Tier- und Pflanzenarten, die vom Aussterben bedroht sind.

Gut zu wissen

- *Nicht nur Flaschenverschlüsse können aus Kork gemacht werden: Auch Taschen, Wohnaccessoires oder Pinnwände werden aus der Rinde der Korkeichen hergestellt. Bei umweltbewussten Konsumenten ist das gerade angesagt – dabei stellten schon die alten Griechen und Römer aus Kork Produkte her.*

Wenn sich die Korkenproduktion nicht mehr lohnt, weil alle Käufer auf Drehverschlüsse umsteigen, besteht das Risiko, dass die Korkwälder durch andere Plantagen ersetzt werden. Solange wir

Korken kaufen, ist das ein gutes Geschäft für die Hersteller: Laut NABU kann pro Korken bis zu ein Euro verlangt werden – wenn er aus einem Stück gestanzt ist, gute Qualität hat und luftdurchlässig ist, um den bestmöglichen Job auf dem Wein zu machen. Läuft der Verkauf, werden die Hersteller alles daransetzen, die wertvollen Wälder zu erhalten.

Noch besser als Korken kaufen: Korken zurückbringen

Wenn Sie Ihren Wein mit besonders gutem Gewissen genießen wollen, bringen Sie den Korken zu einer Korken-Sammelstelle, sobald die Flasche geleert ist. Dort kann er recycelt werden und es entstehen zum Beispiel Dämmstoffe oder Bodenbeläge daraus. Laut NABU geben Konsumenten bislang nur etwa zehn Prozent der Korken zum Recycling, hier besteht also noch riesiges Potenzial. Gesammelt werden die Korken unter anderem in vielen Bioläden, bei Winzern oder in Weingeschäften. Auf der Website des NABU gibt es ein Sammelstellen-Verzeichnis.

Kurz gesagt

1. *Weinkorken sind besser fürs Klima – denn nur wenn wir Korken kaufen, lohnt sich der Erhalt wertvoller Korkwälder.*

2. *Werfen Sie den Korken später nicht weg, sondern bringen Sie ihn zu einer Sammelstelle: So kann er recycelt und zum Beispiel zu Dämmmaterial verarbeitet werden.*

JOGHURT IM GLAS ODER PLASTIKBECHER?

Wer Müll vermeiden will, setzt oft lieber auf Glas statt auf Plastik – doch ist das immer die richtige Wahl? In der Diskussion um Nachhaltigkeit hört man oft das Argument, dass Glas auch nicht unbedingt umweltfreundlicher sei …

Die Deutsche Umwelthilfe sagt: »Joghurt sollte von regionalen Anbietern im Glas gekauft werden. Denn im Gegensatz zu den Einwegbechern sparen die Mehrweggläser jede Menge Verpackungsmüll.« Der hohe Energieaufwand für die Produktion und das Recycling von Glas (das bei Einweggläsern zum Problem wird, siehe Seite 46) spielt hierbei keine Rolle.

Oberstes Ziel: Gar keinen Müll produzieren

Natürlich kann der Joghurtbecher aus Plastik recycelt werden, vor allem, wenn man ihn richtig entsorgt (wie das geht, steht ab Seite 82). Doch die Deutsche Umwelthilfe stellt klar: »Recycling kann den Aufwand für die Herstellung nicht wiedergutmachen.« Natürlich sei Recycling grundsätzlich viel besser als das Verbrennen des Materials, aber: »Wenn man die Möglichkeit hat, dass die Verpackung gar nicht erst zu Müll wird, dann ist dies noch besser.« Denn auch die Weiterverarbeitung des Kunststoffs benötigt viel Energie und es kommt immer zu Materialverlusten – außerdem besteht das Risiko, dass Mikroplastik in die Umwelt gelangt.

Wie ist es mit dem hohen Gewicht, das immer wieder als Nachteil von Glasbehältern genannt wird? Das kann tatsächlich auch

bei Mehrweggläsern für Joghurt, Milch oder Sahne zum Problem werden, wenn die Transportdistanzen hoch sind. »Natürlich macht es keinen Sinn, ein Mehrwegsystem mit Neuseeland aufzubauen«, sagen die Umweltexperten dazu.. »Deshalb sollten die Produkte in Gläsern möglichst regional vermarktet werden – aber auch auf das ganze Land bezogen ergibt dieses Verfahren in der Regel noch Sinn.«

Gut zu wissen

→ *Wenn es doch Plastik sein soll: Joghurtbecher aus dünnem Plastik, das mit einer Pappbanderole umhüllt ist, können die umweltschonendere Wahl sein. Aber nur, wenn wir die Pappe in den Papiermüll geben und den Plastikbecher (mit abgetrenntem Aludeckel) in die Gelbe Tonne. Landet alles in einem Müll, bekommen die Sortieranlagen später Probleme.*

Je mehr Gläser, desto besser

Gut wäre es also, wenn wir alle auf Mehrweggläser setzen würden, damit mehr von ihnen in der näheren Umgebung im Umlauf sind. Denn wenn die Gläser in erster Linie von ein bis zwei Bioproduzenten vertrieben werden, dann stehen die Chancen schlecht, dass der Joghurt direkt bei uns um die Ecke abgefüllt wird. Als Konsumenten können wir versuchen, darauf zu achten: Muss es der Joghurt von den österreichischen Alpenkühen sein? Oder gibt es auch in der Nähe Anbieter, für die wir uns entscheiden können?

Ein weiterer Pluspunkt für den Joghurt im Glas: Anders als zum Beispiel bei einigen Wasserflaschen (siehe Seite 38) handelt es sich meistens um sogenannte Pool-Gläser, also einheitliche Behälter, die von allen Herstellern benutzt werden können. Das vereinfacht die Prozesse und sorgt wieder dafür, dass die Transportdistanzen sinken.

Außerdem weist die Deutsche Umwelthilfe darauf hin, dass bei vielen Kunststoffen nicht offengelegt wird, welche Additive dem Plastik zugesetzt sind. Bei zahlreichen Plastikprodukten lässt sich daher nicht ausschließen, dass Schadstoffe von der Verpackung in den Inhalt übergehen – und so in unserem Körper landen.

Um einen Minuspunkt fürs Glas zu nennen, lassen Sie uns zum Abschluss kurz übers Ausspülen sprechen. Denn die Plastikbecher dürfen einfach ausgelöffelt in den Gelben Sack geworfen werden, Gläser hingegen sollten wir ausgespült zurückbringen. Das sorgt zwar für einen höheren Wasserverbrauch, doch wenn wir darauf achten, nicht zu viel (und vor allem kein warmes) Leitungswasser zu verwenden, bleibt Glas der Nachhaltigkeitssieger.

Kurz gesagt

1. *Setzen Sie beim Joghurtkauf auf Mehrwegglas. Auch wenn der Plastikbecher recycelt werden kann, ist es am besten, wenn gar kein Müll entsteht.*

2. *Achten Sie darauf, dass der Joghurt nicht zu weit transportiert werden muss – das schlägt bei den schweren Gläsern auf die Ökobilanz.*

GEMÜSE FRISCH ODER TIEFGEFROREN?

Tiefkühl-Gemüse hat eigentlich einen guten Ruf: Durchs superschnelle Schockfrosten gehen kaum Vitamine verloren und wir bekommen das ganze Jahr über Spinat, Möhren oder Erbsen. Kann doch nicht schlecht sein, oder? Stimmt nur fast, denn mit Blick aufs Klima macht es einen Unterschied, ob wir im Supermarkt die Gemüseabteilung oder die Gefriertruhe ansteuern.

»Frisches Gemüse ist immer vorzuziehen«, stellt der BUND klar. »Denn bei den Gefrier- und Aufbereitungsprozessen kommt es zu vielen Bearbeitungsschritten, die Energie kosten.« Es geht aber nicht nur um Stromverbrauch, auch die CO_2-Belastung ist höher: Experten schätzen, dass 100 Gramm frischer Spinat ungefähr 30 Gramm CO_2 erzeugen. Bei der Tiefkühl-Alternative ist es doppelt so viel. Natürlich ist das nichts im Vergleich zu Fleisch oder Milchprodukten – aber die Belastung summiert sich, wenn wir alle nur Tiefkühlprodukte kaufen (und das auch noch das ganze Jahr hindurch).

Ein Punkt, der noch hinzukommt und nicht zu vernachlässigen ist: Bei frischem Gemüse haben wir immer die Chance, es unverpackt zu kaufen.

Kurz gesagt

→ *Frisches Gemüse ist besser für den Planeten: Die Herstellung verbraucht weniger Energie, der CO_2-Ausstoß ist viel geringer und es gibt im Idealfall keinen Verpackungsmüll.*

PALMÖL BOYKOTTIEREN ODER NICHT?

Palmöl ist ein Problem, das ist mittlerweile wohl nicht nur leidenschaftlichen Umweltschützern klar. Es steckt in Schokolade und Fertiggerichten, es landet in Waschmitteln und Kosmetikprodukten, es wird Diesel als Biokraftstoff beigemischt. Der Bedarf an Palmöl ist also riesig. Um ihn zu stillen und mehr Ölpalmen anbauen zu können, werden immer neue Flächen an Regenwald gerodet, vor allem in Südostasien. Anwohner müssen dafür oft ihre Dörfer verlassen, Tiere wie Orang-Utans oder Sumatra-Tiger verlieren ihren Lebensraum und sind vom Aussterben bedroht.

Austausch durch Kokos- oder Sojaöl? Besser nicht

»Nie wieder Palmöl!« – diese Reaktion wäre jetzt verständlich. Aber: Es ist fast unmöglich, Palmöl komplett aus dem Leben zu verbannen, da es in etwa 50 Prozent aller Konsumgüter steckt. Außerdem wäre das trotz aller Krisen und Katastrophen nicht die beste Entscheidung für den Planeten. »Ein unkritischer Austausch von Palmöl durch andere Pflanzenöle löst die Probleme nicht, sondern verlagert und verschlimmert sie nur«, erklärt der WWF. »Das gilt insbesondere für den Austausch durch Kokos- oder Soja-Öl.« Denn dafür würde mehr Fläche benötigt, es entstünden mehr Treibhausgas-Emissionen und die Gefährdung von Tier- und Pflanzenarten würde sogar noch wachsen.

Hintergrund: Palmöl ist gerade deshalb so beliebt, weil die Ausbeute der Ölpalmen vergleichsweise groß ist. Es sind etwa

3,3 Tonnen pro Hektar – Raps, Kokos und Sonnenblume bringen im Schnitt nur rund 0,7 bis 1,3 Tonnen pro Hektar. Die gleiche Menge Öl auf gleicher Fläche zu erzeugen, ist also nicht möglich.

Was sollen wir dann tun? Erstens können wir den Palmöl-Konsum reduzieren, indem wir anders einkaufen: In Deutschland fließen dem WWF zufolge 17 Prozent des verwendeten Palmöls in weiterverarbeitete Lebensmittel und Produkte wie Schokolade, Knabberzeug, Tiefkühlpizzen und Fertiggerichte. Wer weniger in diesen Kategorien shoppt und stattdessen auf unverarbeitete Lebensmittel setzt (die Pizza vielleicht selbst macht und Erdnüsse statt Erdnussflips snackt), ist schon einen Schritt weiter.

Mein Tipp

→ *Auch die Schokocremes, die wir aufs Brötchen schmieren, enthalten Palmöl. Stellen Sie stattdessen doch mal Ihren eigenen Aufstrich her, zum Beispiel aus Datteln, Nussmus und Kakaopulver (Rezepte finden Sie online). Schmeckt gut und kommt ohne Palmöl aus.*

Ein weiteres Problem im Palmöl-Kontext ist die konventionelle Viehhaltung, denn acht Prozent des nach Deutschland importierten Palmöls kommen in Futtermittel für Rinder, Geflügel und Schweine. Wer weniger Fleisch isst und dann auch noch auf Bio-Qualität achtet, kann den eigenen (indirekten) Palmöl-Konsum herunterschrauben. Noch größer ist aber der Anteil des

Palmöls, das in Deutschland in Bio-Kraftstoffen landet, es sind 40 Prozent. Hier heißt die Lösung also: Weniger Auto fahren.

Zurück zum Einkauf: Auch wenn es nicht möglich (oder sinnvoll) ist, Produkte mit Palmöl durch solche mit anderen Pflanzenölen auszutauschen, können wir etwas tun. Es gibt Palmöl, dessen Produzenten immerhin Mindeststandards einhalten, sie tragen das RSPO-Label. Diese Zertifizicrung wird allerdings von einigen Umweltschützern kritisiert, da sie ihnen nicht streng genug ist. Etwas weiter gehen die Palm Oil Innovation Group (POIG) und das Forum Nachhaltiges Palmöl (FONAP), für Bio-Palmöl stehen aber auch diese Label nicht. Um das zu bekommen, müssen wir gezielt Bio-Produkte kaufen: Auch in diesen steckt oft Palmöl, aber immerhin wurden sie ohne giftige Pflanzenschutzmittel produziert – und die sind neben der Abholzung von Regenwald und dem Sterben von Orang-Utans eine riesige Belastung für unseren Planeten.

Kurz gesagt

1. *Produkte mit Palmöl einfach durch Alternativen mit anderem Pflanzenöl zu ersetzen, ist keine Lösung – das würde viel mehr Fläche verbrauchen und neue Probleme verursachen.*

2. *Am besten: Den Palmöl-Verbrauch reduzieren (weniger Fertigprodukte kaufen, weniger Benzin verbrauchen) und beim Einkauf auf Siegel und Bio-Qualität achten.*

PLASTIK- ODER PAPIERTÜTEN?

Plastiktüten stehen bei ambitionierten Umweltschützern auf der Schwarzen Liste – zu Recht. Denn vor allem, wenn wir sie nur einmal benutzen, sind sie überhaupt nicht nachhaltig, verbrauchen wertvolle Ressourcen und produzieren Müll. Aber sind Papiertüten wirklich immer die bessere Wahl?

Leider nein. »Papiertüten haben den Vorteil, dass sie besser verrotten, wenn sie in der Natur landen«, sagt der BUND. Das gilt zumindest dann, wenn sie nicht beschichtet oder mit giftigen Farben bedruckt sind. Bei einer Plastiktüte sieht es anders aus: »Sie kann in Form von kleinen Plastikteilchen über hunderte Jahre in der Umwelt verbleiben.«

Doch wenn es um die Herstellung geht, sind Papiertüten keine Gewinner. Die Produktion benötigt viel Energie und Wasser und leider haben noch lange nicht alle Papiertüten einen hohen Recyclinganteil. Sie sind meistens schwerer als Plastiktüten, da sie dicker sein müssen, um das gleiche Gewicht halten zu können. Das bedeutet, dass mehr Material zum Einsatz kommt – außerdem steigen dadurch die Emissionen beim Transport.

Papiertüte nutzen – und zwar immer wieder

Was tun wir also, wenn wir beim Einkauf das Klima schützen wollen (und keinen eigenen Beutel zur Hand haben)? »Es hat keinen Sinn, als Kunde auf eine Plastiktüte zu verzichten und stattdessen eine Papiertüte zu verwenden, die nach einmaliger Benutzung

entsorgt wird«, heißt es vom BUND. Also: Papiertüte kaufen und beim nächsten Mal wieder mit zum Supermarkt nehmen. Und beim übernächsten Mal auch. Die Rechnung der Experten: »Je nach Tütengröße muss eine Papiertüte drei bis acht Mal benutzt werden, um eine entsprechende Plastiktüte klimafreundlich zu ersetzen.«

Das gilt natürlich nicht nur für die großen Tüten, in denen wir an der Kasse die Einkäufe verstauen. Auch die kleineren Exemplare für Obst und Gemüse sind problematisch. Vor allem, da viele Kunden sie erst recht als Einmalprodukt zum sofortigen Wegwerfen betrachten. Als Alternative gibt es inzwischen in vielen Supermärkten Gemüsenetze, in denen die einzelnen Tomaten und Möhren übersichtlich zur Kasse transportiert werden können. Auch hier gilt natürlich: Am besten bei jedem Einkauf dran denken – und nicht immer wieder neue Netze kaufen.

Gut zu wissen

→ *Auch bei Papiertüten gibt es Unterschiede: Am besten ist es, wenn sie das »Blauer Engel«-Zeichen tragen. Recyclingpapiertüten mit diesem Siegel bestehen zu 100 Prozent aus Altpapier. Außerdem sind Chlor und optische Aufheller verboten.*

Fest steht: Ihr umweltfreundliches Image tragen Papiertüten zu Unrecht – das sollten wir auch beim nächsten Gang zum Bäcker im Hinterkopf behalten. Denn Brötchentüten werden in der Regel

nicht wiederverwendet, sondern nach einem kurzen Weg nach Hause in den Müll geworfen. Ein kleiner Stoffbeutel wäre für den Transport eindeutig der bessere Weg.

Sind Baumwollbeutel die Lösung?

Apropos Stoffbeutel: Sind die Taschen aus Jute oder Baumwolle denn eigentlich völlig unbedenklich fürs Klima und sollten die erste Wahl sein? Auch das ist leider nicht so eindeutig. Denn natürlich müssen auch diese Beutel aufwendig hergestellt werden. Berechnungen zufolge sollten wir die typischen Baumwollbeutel etwa 25- bis 30-mal benutzen, damit sie nachhaltiger als Plastiktüten sind.

Besonders toll ist es natürlich, wenn wiederverwendbare Taschen aus recyceltem Material hergestellt wurden. Wer davon ein Exemplar besitzt und es immer wieder mit zum Einkauf nimmt, kommt der Weltverbesserung schon ein ganzes Stück näher.

Kurz gesagt

1. *Trotz des besseren Images sind auch Papiertüten keine Öko-Helden: Produktion und Transport benötigen viel Energie und Wasser. Erst wenn sie drei bis acht Mal verwendet werden, sind sie klimafreundlicher als Plastiktüten.*

2. *Wiederverwendbare Beutel sind eine gute Wahl – wenn man sie wirklich oft wiederverwendet. Nach 25 bis 30 Einkäufen ist ein Baumwollbeutel besser für die Umwelt als die Wegwerftüte aus Plastik.*

GROSSPACKUNGEN ODER NACH BEDARF KAUFEN?

Klar ist: Um die Welt zu retten, sollten wir Verpackungsmüll drastisch reduzieren. Klar ist auch: Für eine Packung, die zum Beispiel ein Kilogramm Nudeln enthält, wird weniger Plastik benötigt als für zwei 500-Gramm-Pakete. Deshalb kann es ein guter Weg sein, immer auf möglichst große Mengen zu setzen – aber nur, wenn die Voraussetzungen erfüllt sind.

Am besten halten wir vor dem Einkaufen kurz inne: Wovon essen wir wirklich viel und wo lohnt sich eine große Packung? Was ist wie lange haltbar? Wenn wir morgens immer Haferflocken frühstücken und abends gerne Nudeln essen, dann lohnen sich wohl große Pakete, denn die Gefahr, dass die Lebensmittel schlecht werden, ist ziemlich ausgeschlossen. Die Frage, ob die Produkte komplett verbraucht werden können, sollte bei der Entscheidung immer ausschlaggebend sein. Wenn wir Verpackungen reduzieren, aber damit dafür sorgen, dass die Hälfte im Müll landet, dann ist niemandem geholfen. In Deutschland wirft jeder Einzelne pro Jahr etwa 55 Kilogramm Lebensmittel weg – überhaupt kein guter Weg, um Ressourcen und den Planeten zu schützen.

Mein Tipp

→ *Bei einigen Produkten sollten Sie eher zur kleinen Packung greifen: Leinöl zum Beispiel ist meistens nur drei bis sechs Monate haltbar (geöffnet noch deutlich kürzer). Wenn Sie nicht viel benötigen, kaufen Sie besser keine Ein-Liter-Flasche.*

Natürlich ist das bei einer Großfamilie einfacher als im Single-Haushalt. Doch auch für eine Person ist es vermutlich möglich, einen 500-Gramm-Becher-Joghurt auszulöffeln, bevor der Inhalt verschimmelt. Vier einzeln abgepackte Mini-Becher aus Plastik, die mit einer Pappbanderole zusammengehalten werden? Aus Umweltsicht völliger Quatsch.

Ein sehr guter Weg, um dem Verpackungswahnsinn zu entkommen, sind Unverpacktläden, die es in immer mehr Städten gibt (siehe Anhang).

Auch bei Kosmetikprodukten sind große Packungen in der Regel sinnvoll: Shampoo, Seife oder Zahnpasta halten sich lange. Und je öfter wir das Produkt neu kaufen, desto mehr Müll wird produziert. Hier lohnt es sich auch, die Packung unabhängig von der Größe kritisch zu checken: »Eine Zahnpastatube ist ohnehin nicht besonders umweltfreundlich, teilweise steckt sie zusätzlich in einer unnötigen Papierverpackung«, sagt die Deutsche Umwelthilfe. »Wenn dieser Karton dann noch zu Marketingzwecken mit Aluminiumfolie bedampft oder mit Plastikfolie beklebt ist, dann lässt sich diese zudem kaum noch recyceln.«

Kurz gesagt

→ *Lebensmittel in großen Packungen produzieren weniger Müll. Sie sind aber nur dann besser fürs Klima, wenn wir sie wirklich vollständig konsumieren können. Vorsicht bei sehr begrenzt haltbaren Produkten.*

SCHNITTBLUMEN ODER TOPFPFLANZEN?

Grüne Blätter, bunte Blüten: Pflanzen machen das eigene Zuhause schöner und sind ein beliebtes Geschenk. Aber wie nachhaltig sind Schnittblumen und Topfpflanzen im Vergleich?

»Wie bei Nahrungsmitteln geht es bei Schnittblumen um die Frage nach regionaler und saisonaler Verfügbarkeit«, erklärt Robert Böhnke. »Wenn man im Frühjahr und Sommer auf dem Markt saisonale Blumen kauft, ist dagegen nichts einzuwenden.«

Doch die meisten Arten können wir das ganze Jahr bekommen, im Winter kommen Rosen oft aus Kenia oder den Niederlanden, wo sie in beheizten und beleuchteten Gewächshäusern gezüchtet werden. Forscher der britischen Cranfield Universität haben ausgerechnet, dass die Variante aus Afrika dann sogar klimafreundlicher wäre: Ein Strauß Rosen aus den Niederlanden verursacht die sechsfache Menge CO_2 im Vergleich zu Blumen aus Kenia. Dort ist allerdings der hohe Wasserverbrauch besonders problematisch: 7 bis 13 Liter sind für eine Blume nötig.

Vor allem im Winter wäre eine Topfpflanze der bessere Kauf. Auch wenn sie nicht in der Nähe gewachsen ist, ist sie (bei der richtigen Pflege) deutlich langlebiger und damit nachhaltiger.

Kurz gesagt

- *Schnittblumen sollten möglichst regional und saisonal gekauft werden. Im Winter sind langlebige Topfpflanzen besser.*

GETRÄNKE LIEFERN LASSEN ODER SELBST HOLEN?

Es ist praktisch, wenn Wasser, Bier und Limo direkt in die Wohnung geliefert werden. Vor allem, wenn man kein Auto hat, im vierten Stock wohnt, gerade verletzt ist – und wenn man Wasser dann noch am liebsten aus Glasflaschen trinkt (wie nachhaltig das ist, steht ab Seite 38). Ob die Bestellung auch gut für die Umwelt ist, hängt von verschiedenen Punkten ab.

Zunächst kommt es darauf an, wie wir unsere restlichen Lebensmittel einkaufen: auf dem Rückweg von der Arbeit oder zu Fuß im Supermarkt zwei Straßen weiter? Wer nur für Getränke ins Auto steigt, sorgt für eine ziemlich schlechte Klimabilanz der Wasserkisten. Zur Orientierung: Ist der Getränkemarkt drei Kilometer entfernt, erzeugt man einen CO_2-Ausstoß von etwa einem Kilogramm. Wer das ein Jahr lang wöchentlich macht, kommt damit locker einmal von Berlin nach Hamburg. Da kann eine Lieferung nachhaltiger sein.

Ist noch Platz im Kofferraum?

Anders sieht es aus, wenn Sie ohnehin den Großeinkauf mit dem Auto erledigen und im Kofferraum noch Platz für ein paar Wasserkisten ist. Dann fallen bis auf erhöhten Verbrauch durch zusätzliches Gewicht keine Belastungen an.

Wenn Sie trotzdem eine Bestellung aufgeben möchten (zum Beispiel aus den anfangs genannten und durchaus verständlichen Gründen), können Sie auch dabei die Umwelt schonen: Wie

beim Online-Shopping (siehe Seite 68) können Lieferanten die CO_2-Bilanz möglichst gering halten, wenn sie die Route gut planen. Wer lange im Voraus bestellt, schafft zumindest diese Möglichkeit. Denn wie wahrscheinlich ist es, dass Nachbarn genau gleichzeitig bestellen und es deshalb auf dem Weg liegt?

Das wäre übrigens ein guter Ansatzpunkt für eine möglichst nachhaltige Lieferung: Bestellungen bündeln. Vielleicht hat die ältere Dame aus dem zweiten Stock ja auch Bedarf? »Es ist in jedem Fall sinnvoller, mit einer Bestellung eine größere Menge Getränke liefern zu lassen, als immer wieder Einzelbestellungen abzugeben«, sagt Robert Böhnke vom Nachhaltigkeitsrat dazu.

Und wenn es keine Nachbarn gibt, können wir diesen Faktor auch im Alleingang nutzen: Die meisten Getränke sind lange haltbar. Wer sie gut lagern kann, bestellt am besten einen Wasser- oder Biervorrat für die nächsten Wochen. Das Klima freut sich – und die Gäste der nächsten Spontanparty sicher auch.

Kurz gesagt

1. *Wenn Sie ohnehin mit dem Auto einkaufen, sollten Sie Wasser und Co. direkt mitbringen.*

2. *Falls Sie nur für die Getränke den Wagen starten, kann eine Lieferung nachhaltiger sein.*

ONLINE SHOPPEN ODER IN DIE STADT FAHREN?

Natürlich ist es bequem, ein unendliches Angebot an Produkten einfach vom Sofa aus bestellen zu können. Nicht lange überlegen zu müssen, in welcher Farbe der Pulli wohl schöner aussieht oder welche Schuhgröße besser passt. Es wird alles direkt nach Hause geliefert, dann probieren wir in Ruhe an und schicken zurück, was nicht gut sitzt oder uns doch nicht gefällt. Die schlechte Nachricht: Oft tun wir der Umwelt mit ausgiebigem Online-Shopping keinen Gefallen.

Es gibt immer wieder Studien, die vergleichen, wie sich Onlinebestellungen im Vergleich zum Shoppen in der Stadt auf die Umwelt auswirken – und sie kommen zu unterschiedlichen Ergebnissen. Mal liegt die digitale Variante vorn, mal steht sie schlechter da. Das zeigt, wie schwierig die Bewertung ist, weil die Ökobilanz des Shoppingtrips von vielen individuellen Aspekten abhängt.

Shoppen mit Auto, Bus oder Fahrrad?

Eine wichtige Frage: Welches Verkehrsmittel nehmen wir, um etwas im Einzelhandel zu kaufen? Fahren wir für ein paar Teile extra mit dem Auto in die City oder die benachbarte Stadt? Oder sitzen wir in der Bahn, im Bus, auf dem Rad oder gehen sogar zu Fuß, um im kleinen Buchladen einen Roman zu kaufen? Das macht einen riesigen Unterschied aus – und viele Studien, die Online-Shopping zur nachhaltigeren Variante machen, gehen von der Fahrt mit dem Auto aus.

Und: Welche bestellten Teile behalten wir tatsächlich? »Beim Online-Shopping wirkt sich die hohe Retourenquote sehr negativ aus«, erklärt Nachhaltigkeitsexperte Robert Böhnke. »Insgesamt werden in Deutschland pro Jahr etwa 280 Millionen Pakete zurückgeschickt.« Das ist etwa jedes sechste Paket, wie Forscher der Uni Bamberg für das Jahr 2018 herausfanden. So entsteht nicht nur ein immenser Aufwand für die Händler, die Retouren belasten auch das Klima. Den Wissenschaftlern zufolge wurde durch die Rücksendungen im Jahr 2018 so viel CO_2 ausgestoßen, dass man dafür täglich 2200-mal von Hamburg nach Moskau hätte fahren können. (Auch wenn das wohl niemand möchte, ist es ein recht anschaulicher Vergleich der Retourenforscher.)

Mein Tipp

→ *Schon vor dem Kauf schlägt digitales Shopping auf die Klimabilanz: Jede Anfrage über Suchmaschinen (»Wintermantel Damen 36 günstig«) lässt die Serverparks von Google und Co. auf Hochtouren laufen. Besser gezielt in Online-Shops suchen.*

Was im Anschluss mit den zurückgeschickten Waren passiert, ist unklar. Es gibt immer wieder schockierende Berichte darüber, dass voll funktionstüchtige Produkte im Müll landen – aber Experten zufolge handelt es sich dabei nicht um den Regelfall. »Man geht davon aus, dass etwa vier Prozent der Retouren vernichtet werden«, sagt Robert Böhnke vom Nachhaltigkeitsrat. Der Rest wird

aufbereitet, neu verpackt und wieder angeboten – wenn auch oft als B-Ware.

Apropos Verpackung: Hier reden wir über ein weiteres großes Problem beim Online-Shopping. Denn wer einmal einen Berg Klamotten bestellt hat, der weiß: In der Regel sind jedes T-Shirt und jede Hose einzeln in eine dünne Plastikhülle verpackt. Wenn wir das Kleidungsstück behalten, wandert sie sofort in den Müll, bei einer Retoure stecken wir das Shirt vielleicht wieder in die Hülle – doch sie kann nicht wiederverwendet werden. Neue Bestellung, neue Plastikhülle: Ein immenser Müllberg entsteht.

Gut zu wissen

→ *Warum shoppen überhaupt so viele Menschen online? Hauptgrund ist laut einer Statista-Umfrage von 2019, dass die Preise im Internet als niedriger empfunden werden. Auf Platz zwei folgt die größere Auswahl. Ein Drittel aller Befragten shoppt online, weil dort Kundenbewertungen verfügbar sind.*

So wird Online-Shopping nachhaltig

Das heißt aber nicht, dass Online-Shopping in Zukunft tabu ist: Es kommt immer drauf an, was wir suchen und wie wir bestellen. Haben wir zum Beispiel ein ganz konkretes Paar Sportschuhe in einer bestimmten Größe im Kopf und stehen vor der Wahl: Entweder direkt online in der gewünschten Farbe bestellen oder extra dafür mit dem Auto einen Laden ansteuern (und vielleicht einen

weiteren, weil wir beim ersten Anlauf nicht fündig wurden), dann ist die gezielte Bestellung wohl die bessere Wahl. Bestenfalls sind wir zu Hause, wenn das Paket kommt, oder lassen es sogar direkt in eine Abholstation bringen (siehe Seite 72).

Natürlich kommt es auch darauf an, was und bei wem wir bestellen. Es gibt viele grüne Online-Shops oder Anbieter von Second-Hand-Produkten – eine bessere Wahl als Neuware ohne Öko-Siegel. Oft setzen diese Anbieter auch auf weniger Verpackungen oder Kartons aus Recyclingmaterial.

Wir können also unter gewissen Voraussetzungen weiterhin mit gutem Gewissen im Internet einkaufen – aber besser nicht, wenn wir vorher in die Stadt gefahren sind, um ein Produkt zu testen oder anzuprobieren und es später günstiger online zu bestellen. Das ist nicht nur unfair den Einzelhändlern gegenüber, so war unsere Fahrt in die Innenstadt auch eine unnötige Belastung für die Umwelt und die Emissionen durch die spätere Lieferung kommen noch obendrauf.

Kurz gesagt

1. *Häufige Bestellungen können die Umwelt belasten – ganz besonders durch einen hohen Anteil an Retouren.*

2. *Online-Shopping kann nachhaltiger sein, wenn es sich um die gezielte Bestellung eines Produkts handelt, durch die man eine Autofahrt in die Innenstadt einspart.*

NACH HAUSE BESTELLEN ODER ZUR ABHOLSTATION?

Ob Schuhe, neues Handy oder Deko fürs Kinderzimmer: Nach ein paar Klicks kommt die Online-Bestellung direkt nach Hause.

Welche Belastungen Internet-Shopping verursachen kann, haben wir ab Seite 68 geklärt. Ein wichtiger Faktor dabei sind laut BUND »vergebliche Zustellversuche«: Der Paketbote klingelt – und fährt mit der Bestellung wieder davon. Vielleicht gibt es noch einen zweiten – ebenfalls erfolglosen – Zustellversuch, dann kommt das Päckchen mit zur Abholstation. Und wenn es ganz schlecht läuft, setzen wir uns später ins Auto, um es abzuholen. Wer weiß, dass er selten zu Hause ist, sollte seine Bestellung direkt zur Abholstation oder in eine Filiale schicken lassen.

Können wir das Paket selbst annehmen, ist die Lieferung nach Hause in der Regel keine Umweltbelastung. Dank des allgemeinen Bestellwahns muss der Wagen vermutlich ohnehin in unsere Gegend. Problematisch sind Schnell-Lieferungen am nächsten oder sogar selben Tag: Sie führen dazu, dass die Lieferanten nicht nach der sinnvollsten Route, sondern nach der nächsten Auslieferung planen. Und ganz ehrlich: Wann ist es wirklich so dringend?

Kurz gesagt

- → *Wenn Sie selten zu Hause sind, bestellen Sie besser zur Abholstation. Denn vergebliche Zustellversuche belasten das Klima.*

SECOND-HAND-MODE ODER FAIR FASHION?

Billig produzierte T-Shirts voller Schadstoffe, schlechte Arbeitslöhne, unzumutbare Zustände in Fabriken – wenn wir hinter die Kulissen der schnelllebigen Klamotten-Industrie gucken, vergeht uns schnell die Lust auf eine Shopping-Runde. Und oft kommt die Frage auf: Sollte es fürs gute Gewissen eine Jeans vom angesagten, aber teuren Fair-Fashion-Label sein? Oder ist die Hose vom Flohmarkt besser für den Planeten?

> *Mein Tipp*
>
> → *Eine Alternative zum ständigen Shopping: Kleidung leihen oder mieten. Es gibt Online-Shops und Läden in verschiedenen Städten, die schicke Ballkleider oder auch hippe Alltags-Outfits anbieten. Mehr Infos dazu finden Sie leicht online.*

»Grundsätzlich gilt bei allen Einkaufsentscheidungen: Wieder- und Weiterverwendung von Produkten ist die beste Variante«, erklärt Nachhaltigkeitsexpertin Prof. Marlen Arnold von der TU Chemnitz. Beim Kauf eines Second-Hand-Shirts setzen wir auf Wiederverwendung. Es werden keine weiteren Ressourcen benötigt, es muss nichts neu produziert werden, es gelangen keine weiteren Giftstoffe ins Abwasser oder in die Luft und richten dort dramatische Schäden an Tieren und in ganzen Ökosystemen an.

Aber wie sieht es aus, wenn wir auf dem Flohmarkt einen Pulli von einer großen und günstigen Modekette kaufen, bei dem wir

berechtigte Zweifel haben, dass die Produktion fair und schadstofffrei ablief? Ganz strenge Umweltschützer, die mit reinem Gewissen einkaufen wollen, würden diesen Pulli liegenlassen. Denn das Gefühl, ein Kleidungsstück zu tragen, dessen Herstellungsweise man nicht unterstützt, lässt sich nicht komplett ablegen (auch wenn wir nur die zweiten oder gar dritten Besitzer sind). Welchen Weg Sie hierbei gehen, ist eine persönliche Entscheidung – ein eindeutiger Rat lässt sich nicht geben.

Gut zu wissen

→ *Schadstoffe in neuer Kleidung belasten nicht nur den Planeten, sondern können auch in unsere Körper übergehen. Neben Siegeln sollten Sie sich auf die eigene Nase verlassen: Was stark nach Chemie riecht, ist selten schadstofffrei produziert.*

Ein Argument, das gegen eine reine Second-Hand-Garderobe spricht: In den Herstellungsländern leben Menschen von der Textilproduktion. Wenn wir unsere Einkäufe komplett an der gesamten Wertschöpfungskette vorbei organisieren, haben wir keinen Einfluss darauf, wie die Modeherstellung in Zukunft gestaltet wird und wie die Menschen vor Ort arbeiten. Mitentscheiden können wir durch den Kauf von fairen Produkten.

»Bei neuer Kleidung achtet man am besten auf entsprechende Siegel«, rät Prof. Arnold. »Die sind zwar alle nicht perfekt, aber sie bieten eine Orientierung – schließlich kann man nicht selbst in

jede Fabrik fahren und sich von den Sozialstandards überzeugen.« Das Siegel GOTS garantiert, dass es sich zum Großteil um biologisch erzeugte Naturfasern handelt. Der »Grüne Knopf«, das erste staatliche (aber freiwillige) Siegel, soll anzeigen, dass die Kleidung fair und ökologisch produziert wurde. Und auch Hersteller, die sich der »Fair Wear Foundation« anschließen, setzen sich für gerechte Arbeitsbedingungen in Textilfabriken ein.

Der perfekte Kleiderschrank für Weltretter

Am besten wäre also eine Kombination aus beidem: ein Kleiderschrank, in dem Fair-Fashion-Stücke neben Flohmarkt-Schätzen hängen. Vor allem aber raten Umweltschützer dazu, insgesamt weniger zu kaufen und Shirts und Kleider nicht nur ein paarmal zu tragen. Denn die vielen Spontan-, Fehl- und Billigkäufe sorgen dafür, dass immer neue Kleidung hergestellt wird – und das passiert leider nur selten zu den besten Bedingungen für den Planeten und die Menschen in den Produktionsländern.

Kurz gesagt

1. *Ratsam ist eine Kombination aus beidem: Second-Hand-Ware, um keine neuen Ressourcen zu verbrauchen, dazu Fair Fashion, um die Arbeiter in Textilfabriken zu unterstützen.*

2. *Beim Kauf neuer Mode am besten auf Siegel achten, zum Beispiel GOTS, »Fair Wear Foundation« oder »Grüner Knopf«.*

PULLOVER AUS WOLLE ODER ACRYL?

Wie so oft geht es bei dieser Entscheidung nicht nur um Nachhaltigkeit: Bei der Wahl des passenden Pullover-Materials spielen auch Allergien, persönliche Vorlieben und der Verwendungszweck des Kleidungsstücks eine Rolle. Wenn wir aber nur auf die Umwelt schauen, wie sieht dann der nächste Pulli-Kauf aus?

Beide Materialien haben Vor- und Nachteile. »Baumwolle ist sehr wasserintensiv und wird meistens ausgerechnet in Ländern hergestellt, in denen wenig Wasser verfügbar ist«, erklärt Nachhaltigkeitsexperte Robert Böhnke. »Es ist immer ein hoher Anteil an sogenanntem virtuellem Wasser enthalten – das gilt auch für Bio-Baumwolle.« Kaufen wir konventionelle Baumwolle, kommt der meist große Einsatz von Pestiziden noch hinzu.

Bei jeder Wolle: auf Siegel achten

Schurwolle hat eine bessere Wasserbilanz als Baumwolle – hier könnte es aber Probleme mit Blick auf die Tierhaltung geben. In beiden Fällen sollten wir auf Siegel achten, die eine nachhaltige und faire Produktion gewährleisten. Das Label GOTS zeigt, dass Textilien zu mindestens 70 Prozent aus biologisch erzeugten Naturfasern bestehen, ein geringer Einsatz von Chemikalien soll auch durch das Siegel »bluesign« gewährleistet werden.

Im Vergleich zu Wolle ist Acryl ein erdölbasiertes Produkt, die Herstellung verbraucht viel CO_2 und außerdem kann beim Waschen von allen Kunststofftextilien Mikroplastik ins Abwasser

gelangen. »Man geht davon aus, dass bei einer vollbeladenen Waschmaschine im Schnitt bis zu 700 000 Mikroplastikteilchen herausgewaschen werden«, sagt Robert Böhnke vom Nachhaltigkeitsrat.

Mein Tipp

→ *Es gibt spezielle Waschbeutel, die verhindern sollen, dass Mikroplastik ins Abwasser gelangt. Wenn Sie Acrylpullis in diesen Beuteln waschen, können Sie den Großteil der Partikel auffangen und im Anschluss in der Gelben Tonne entsorgen.*

Die Entscheidung fällt also zugunsten von Wolle aus – wenn wir beim Kauf auf Bio-Qualität setzen. Was aber noch viel wichtiger ist als das Material des Pullovers: Wie lange tragen wir ihn? Je länger ein Pullover hält und zum Einsatz kommt, desto besser wird seine individuelle Ökobilanz. »Mir hilft kein nachhaltiges Produkt aus Bio-Schurwolle, wenn ich es zweimal im Jahr austausche«, sagt Nachhaltigkeitsexperte Robert Böhnke. »Dann sollte man lieber einen Acrylpullover fünf Jahre lang tragen.«

Kurz gesagt

1. *Pullover aus Baumwolle oder Wolle sind die bessere Wahl – beim Kauf aber auf Bio-Qualität achten.*
2. *Unabhängig vom Material: Am besten für die Umwelt sind Kleidungsstücke, die möglichst lange getragen werden.*

DAUNEN- ODER POLYESTERFÜLLUNG?

Kuschelige Bettdecke, weiches Kissen, gefütterte Winterjacke: Beim Kauf stehen wir vor der Wahl zwischen Füllungen aus Daunen und Polyester. Welche Variante wir als angenehmer empfinden, ist natürlich Geschmackssache. Aber welche ist denn besser für unseren Planeten?

»Polyester ist eine Kunstfaser auf Erdölbasis, deren Herstellung sehr energieintensiv ist«, erklärt Robert Böhnke vom Nachhaltigkeitsrat. Das hört sich nicht gerade klimafreundlich an. Und wenn wir die Bettdecke oder den gefütterten Wintermantel waschen (was im Vergleich zu Daunen viel einfacher ist), lösen sich – wie auch bei Acryl, siehe Seite 76 – dabei winzige Plastik-Teilchen und gehen ins Wasser über. So tragen unsere gemütlichen Produkte also auch noch zur Mikroplastik-Problematik bei.

Die wichtigsten Siegel beim Daunenkauf

Allerdings sind auch Daunen kein Vorzeigeprodukt – bei ihnen besteht das Risiko von Massentierhaltung, Stopfmast und Lebendrupf. Wer das ausschließen will, sollte auf eine kontrolliert biologische und nachhaltige Produktion achten, die durch Siegel wie »Global TDS« (Traceable Down Standard) oder RDS (Responsible Down Standard) gewährleistet wird.

Auch ein »Downpass«-Etikett garantiert, dass auf Lebendrupf und Stopfmast verzichtet wird. Sind wir unsicher, wie nachhaltig und tierfreundlich eine Daunendecke produziert wurde, können

wir auch direkt beim Hersteller nachfragen. Wer nichts zu verbergen hat, gibt normalerweise gerne Auskunft.

Vergleicht man nachhaltige Daunen mit Polyester, gewinnen die Daunen – sie sind oft auch langlebiger als der Kunststoff. Allerdings gibt es inzwischen auch Füllungen aus recyceltem PET, die eine gute Alternative wären. Dafür werden alte PET-Flaschen geschreddert und bekommen in Kissen ein neues Leben.

Wenn Sie ganz andere Wege gehen wollen, können Sie sich auch nach Kissen mit einer Füllung aus Hirseschalen umschauen. »Bei dieser sinnvollen Variante handelt es sich um ein Abfallprodukt, weil Reste genutzt werden, die bei der Hirseverarbeitung entstehen«, sagt Robert Böhnke dazu. »Diese Kissenfüllung hat eine gute CO_2-Bilanz – außerdem kann sie später einfach im Biomüll entsorgt werden.« Das klingt doch, als könnten Weltretter auf diesen Kissen ziemlich gut schlafen.

Kurz gesagt

1. *Wenn Sie auf nachhaltige Daunen setzen, treffen Sie mit dem Naturprodukt die bessere Wahl. Beim Kauf auf Siegel achten, um Lebendrupf und Stopfmast bei der Produktion auszuschließen.*

2. *Soll es eine Kunstfaser sein, suchen Sie wenn möglich nach Füllungen aus recycelten PET-Flaschen – und vermeiden Sie häufiges Waschen.*

HAUSHALT: WIE WELTRETTER ZU HAUSE LEBEN

Jetzt geht es um viele »Big Points«, wie Experten sagen. Denn das tägliche Heizen, der Stromverbrauch und auch Serienstreaming hat fatale Auswirkungen auf die Erderwärmung. Außerdem gibt es in den eigenen vier Wänden verschiedenste Wege, um wertvolle Ressourcen zu sparen – vor allem, wenn es um unsere technischen Geräte in Küche, Bad oder Arbeitszimmer geht. Von sauberer Wäsche bis zu Suchanfragen auf dem Notebook: Es folgt der Nachhaltigkeitscheck des täglichen Lebens zu Hause.

JOGHURTBECHER AUSSPÜLEN ODER SCHMUTZIG WEGWERFEN?

Der Joghurt ist leer, der Plastikbecher landet im Gelben Sack oder der Gelben Tonne – vorher spülen wir ihn gründlich aus. Alles richtig gemacht? Nein, denn das Ausspülen ist unnötig und damit Wasserverschwendung. Vor allem, wenn man warmes Wasser benutzt, um die Reste zu entfernen, belastet das die Umwelt.

Halbvoll sollte der Becher allerdings auch nicht sein: »Restentleert« ist der Begriff, den Entsorgungsprofis hier verwenden. »Das bedeutet, dass ein Auslöffeln und Auskratzen völlig ausreicht«, heißt es dazu von der Berliner Stadtreinigung (BSR). Denn nachdem die Verpackungen nach Materialart sortiert sind, werden sie im Recyclingprozess sowieso gewaschen.

Was außerdem wichtig ist: Der Aludeckel muss vom Becher abgerissen werden. Sonst können die Sensoren bei der Müllsortierung die Materialien nicht richtig erkennen. Das gilt übrigens nicht nur für Joghurtbecher, sondern auch für die Verpackungen von Frischkäse, Schokopudding oder Margarine.

Kurz gesagt

1. *Joghurtbecher müssen nicht gespült werden, bevor sie im Recycling landen – einfach gut auslöffeln.*

2. *Den Aludeckel sollten wir immer vom Becher abreißen.*

ALU- ODER FRISCHHALTEFOLIE?

Schnell ein Stück Obst einwickeln oder den Salat fürs Grillfest abdecken? Viele von uns greifen dabei vermutlich zu Alu- oder Frischhaltefolie – und stellen sich die Frage, was besser ist. Besser für den Zweck geeignet und auch besser fürs Klima.

Klar ist: Wenn wir die Folie nur einmal kurz nutzen und wegwerfen, sobald wir auf der Party ankommen, dann handeln wir nicht umweltschonend. Unabhängig vom Material werden so Ressourcen für einen ziemlich unnötigen Zweck verschwendet.

Überlegen Sie deshalb zuerst: Muss es wirklich eine Folie sein? Haben Sie nicht eine kleine Dose für den Apfel? Könnte man den Salat auch anders abdecken? Die Folie mehrfach verwenden?

Gut zu wissen

→ *Abgesehen von der Umwelt: Alufolie sollte nicht zum Einwickeln von salzigen oder stark säurehaltigen Lebensmitteln benutzt werden. Sie greifen die Folie an und können dazu führen, dass diese sich auflöst und Partikel ins Essen übergehen.*

Falls jemand (aus welchen Gründen auch immer) nicht auf Folie verzichten will, dann ist Alu die schlechtere Wahl. Denn Aluminium ist ein wertvoller Rohstoff, der unter großem Aufwand hergestellt wird. Es entsteht aus Bauxit, das vor allem in Australien, China oder Brasilien abgebaut wird. Teilweise werde dafür Ur- und Regenwald abgeholzt, sagen Kritiker. Das ist höchstens zu

vertreten, wenn aus dem Aluminium Rohre geformt werden, die Jahrzehnte halten, nicht aber bei nur kurz genutzter Folie.

Und was ist, wenn wir die Alufolie in die Wertstofftonne werfen? Ist alles okay, weil sie recycelt wird? Leider nicht: »Weil das Material so dünn ist, kommt es beim Recycling von Alufolie zu sehr hohen Verlusten«, erklärt die Deutsche Umwelthilfe. Trotzdem ist Mülltrennung besser als die Entsorgung im Restmüll.

Frischhaltefolie besteht aus Polyethylen, abgekürzt PE. Es gilt zwar noch als »besserer Kunststoff«, weil es in der Regel keine Weichmacher enthält und sich vergleichsweise gut recyceln lässt. Trotzdem ist PE ein Kunststoff, der Erdöl und Erdgas zur Basis hat – und auch die PE-Herstellung verbraucht viele Ressourcen, genau wie das spätere Recycling.

Am besten also Alternativen wählen: Langsam setzen sich Bienenwachstücher durch, die es in Unverpacktläden, grünen Onlineshops oder auch im gut sortierten Drogeriemarkt gibt. Auch Lebensmitteldosen sind eine gute Lösung, genau wie der simple Weg, eine Schale mit einem flachen Teller abzudecken.

Kurz gesagt

→ *Beide Folien belasten die Umwelt und sollten nicht zur Einmal-Benutzung eingesetzt werden. Wenn es sich nicht vermeiden lässt, dann nehmen Sie Frischhaltefolie, da sie aus dem »besseren Kunststoff« PE besteht.*

SPÜLMASCHINE ODER MIT DER HAND ABWASCHEN?

Insgesamt spülen Deutsche pro Jahr etwa 100 Milliarden Gedecke Geschirr. Da lohnt es sich, auf Wasser- und Stromverbrauch zu achten. Beide Faktoren hängen davon ab, wie wir abwaschen.

Umweltexperten sind einig: Spülmaschinen können die nachhaltigere Wahl sein. Aber nur, wenn es sich um ein sparsames Gerät handelt (am besten A+++) und wir es richtig nutzen: Voll beladen, aber nicht so voll, dass Teller und Tassen aneinanderkleben. Stellen Sie keine großen Töpfe hinein, die kaum verschmutzt sind, aber viel Platz wegnehmen. Lassen Sie außerdem Öko-Programme laufen und verwenden Sie umweltfreundliche Tabs oder Gele. Die Verbraucherzentrale sagt: »Eine Maschinenladung sauberes Geschirr bekommen Sie schon mit weniger als zehn Litern Wasser. Das ist mit der Hand nicht zu schaffen.«

Wer trotzdem auf den Abwasch mit der Hand setzt, sollte nicht unter fließendem Wasser spülen, sondern das Becken etwa halbvoll mit warmem Wasser füllen. Hinein kommt Spülmittel nach Dosierungsanleitung und nicht nach Gefühl – wer hier zu großzügig ist, belastet die Umwelt unnötig.

Kurz gesagt

→ *Wer eine sparsame Spülmaschine hat und sie gut belädt, kann im Vergleich zum Spülen mit der Hand Strom und warmes Wasser sparen.*

OFEN VORHEIZEN ODER NICHT?

In Rezepten für Kuchen, Pizza oder Brot heißt es oft: »Den Ofen auf 200 Grad vorheizen ...« Also stellen wir den leeren Ofen an, während der rohe Teig draußen wartet. Ist das sinnvoll?

Es kommt ganz auf das Gericht an. In vielen Fällen gilt: »Wenn es möglich ist, sollte man das Vorheizen vermeiden«, sagt Prof. Marlen Arnold, Nachhaltigkeitsexpertin von der TU Chemnitz. »Damit sind Energieeinsparungen von bis zu 20 Prozent zu realisieren.« Doch natürlich können wir uns dann nicht mehr auf die Backzeit im Rezept verlassen, weil sie ab dem Moment gilt, wenn der Ofen die volle Temperatur erreicht hat. Wir müssen also (zumindest beim ersten Mal) unser Gericht gut im Blick haben.

Es gibt aber Ausnahmen – und dazu gehört Pizza. Damit der Teig knusprig wird, muss der Ofen von Beginn an heiß sein. Auch andere Dinge wie Brandteig, einige Fischgerichte oder Soufflé gelingen nur im vorgeheizten Ofen. Hier sollten wir den hohen Energieverbrauch in Kauf nehmen, um auszuschließen, dass das Gericht misslingt und schlimmstenfalls im Müll landet.

Kurz gesagt

1. *In der Regel verbraucht das Vorheizen unnötig Energie: Bis zu 20 Prozent lassen sich ohne Vorheizen einsparen.*

2. *Es gibt einige Ausnahmen, bei denen ein heißer Ofen nötig ist – sonst misslingt das Gericht. Pizza gehört dazu.*

WASSERKOCHER ODER TOPF AUF DEM HERD?

Brauchen wir eigentlich einen Wasserkocher? Ein zusätzliches Gerät in der Küche, obwohl man das Wasser auch im Topf oder Kessel auf dem Herd erhitzen kann? Zwingend nötig ist der Wasserkocher sicher nicht – aber der Energieverbrauch kann sich deutlich vom Herd unterscheiden.

Ausschlaggebend ist, um welchen Herd es sich handelt: Ist es ein Elektroherd mit Ceranfeld, so wird beim Erhitzen von einem Liter im Wasserkocher weniger Strom verbraucht (laut Öko-Institut etwa 0,11 Kilowattstunden im Vergleich zu 0,17).

Anders sieht es bei Induktionsherden aus: »Wie beim Wasserkocher wird hierbei die Wärme relativ direkt an das Wasser abgegeben«, erklärt die Deutsche Umwelthilfe. »Deshalb liegen Induktionsherd und Wasserkocher beim Stromverbrauch etwa auf dem gleichen Level, wobei der Wasserkocher einen kleinen Vorsprung hat.« Außerdem lässt sich die Temperatur schnell wieder herunterdrehen, und anders als beim Elektroherd gibt das Induktionskochfeld nach dem Ausschalten kaum noch Wärme ab.

Kurz gesagt

1. *Wenn Sie Wasser erhitzen, sparen Sie mit einem Wasserkocher im Vergleich zum Elektroherd Energie.*

2. *Anders sieht es beim Induktionsherd aus: Er liegt etwa gleichauf mit dem Wasserkocher.*

GEMÜSE IM KÜHLSCHRANK LAGERN ODER NICHT?

Die globale Lebensmittelproduktion belastet den Planeten – und die Lage wäre deutlich besser, wenn wir nicht so viel wegwerfen würden. Im Schnitt landen bei jedem Deutschen pro Jahr rund 55 Kilo Lebensmittel im Müll. Das zeigt der Ernährungsreport 2019 des Bundesministeriums für Ernährung und Landwirtschaft. 34 Prozent davon sind Obst und Gemüse. Das ist ärgerlich, teuer und sorgt außerdem dafür, dass noch mehr Lebensmittel nötig sind, um uns zu versorgen. Also Schluss damit. Die richtige Lagerung kann helfen.

Entscheidend: Wo kommt das Gemüse her?

In vielen Fällen verlängert eine kühle Aufbewahrung die Haltbarkeit von Lebensmitteln, doch bei einigen Gemüse- und auch Obstsorten sieht es anders aus. Als Faustregel gilt: Sorten, die aus wärmeren Gebieten (zum Beispiel dem Mittelmeerraum oder sogar den Tropen) kommen, mögen keine Kälte. Liegen sie zu lange bei niedrigen Temperaturen herum, kann es zu der sogenannten »Chilling Injury« kommen, der Kälteschädigung. Das zeigt sich zum Beispiel in braunen Flecken oder Schwarzfärbung – und damit landen die Lebensmittel oft im Müll.

Also gehören Paprika, Tomaten, Zucchini und Auberginen nicht in den Kühlschrank. Obwohl diese Gemüsesorten auch bei uns wachsen können, stammen sie ursprünglich aus wärmeren Gegenden. Auch die Gurke ist kälteempfindlich. Das Bundeszentrum

für Ernährung rät, sie nicht unter 12 Grad zu lagern. Das könnte zu weichen und wässrigen Stellen auf der Schale führen.

Sorten, die klassischerweise bei uns wachsen, halten sich allerdings im Kühlschrank besser. Dazu zählen Möhren, Salat und Kohl sowie bei Obstsorten Äpfel und Birnen. Kaufen wir zum Beispiel Ananas oder Mango, sollten diese keine zu niedrigen Temperaturen abbekommen.

Mein Tipp

→ *Was in den Kühlschrank gehört, ist dort im Gemüsefach (falls es eins gibt) gut aufgehoben: Dort ist die Temperatur auf diesen Zweck abgestimmt – allerdings fühlen sich mediterrane Gemüsesorten auch hier nicht wohl.*

Tomaten können wir zwar auf dem eigenen Balkon züchten, doch auch sie sind kälteempfindlich, da sie ursprünglich aus dem südlichen Amerika stammen. Am besten wäre die Lagerung bei klassischen Kellerbedingungen: nicht zu kalt, nicht zu hell, leichte Feuchtigkeit in der Luft.

Kurz gesagt

→ *Als Faustregel gilt: Was aus warmen Gegenden stammt, gehört nicht in den Kühlschrank. Tomaten, Zucchini, Paprika oder Gurken leiden unter der Kälte.*

WASSER SPAREN ODER MAL LAUFEN LASSEN?

Die Antwort auf diese Frage mag eindeutig erscheinen – schließlich sind wir alle darauf getrimmt, möglichst wenig Wasser zu verbrauchen. Doch inzwischen hört man oft, das fleißige Wassersparen sei problematisch für die Rohre und könne dadurch zur Belastung werden. Was stimmt?

Deutschland beispielsweise ist zu einem Land der Wassersparer geworden (pro Kopf sind es täglich 20 Liter weniger als noch 1990) und laut Umweltbundesamt geht der Bedarf durch sparsame Geräte und neue Armaturen immer weiter zurück. Das Problem daran: Viele Rohrleitungen sind noch auf größere Wassermengen ausgelegt. Vor allem in ländlichen Regionen, in denen immer weniger Menschen wohnen, stagniert das Wasser in den Leitungen und es können sich Faulgase bilden.

Doch wir selbst sollten deshalb nicht das Wasser laufen lassen, um die Rohre durchzuspülen. Hier sind eher Wasserversorger gefragt. Sie haben im Blick, wann wo wie viel Flüssigkeit nötig ist. Vor allem bei warmem Wasser lohnt es sich, den Hahn abzudrehen: Aufheizen erfordert Energie – und die zu sparen, ist immer gut.

Kurz gesagt

→ *Zwar müssen Rohre teilweise durchgespült werden, weil zu wenig Wasser durch sie fließt – das regeln aber Wasserversorger. Wir zu Hause müssen nicht den Hahn extra aufdrehen.*

HEIZUNG AUSSCHALTEN ODER LAUFEN LASSEN?

Wenn es um den persönlichen Ausstoß an Treibhausgasen geht, zählt Heizen zu den »Big Points«: Rund 14 Prozent der jährlichen CO_2-Emissionen pro Person gehen für die Wohlfühltemperatur im eigenen Zuhause drauf, das hat das Umweltbundesamt ausgerechnet. Wer es hier richtig macht, kann also ordentlich was fürs Klima tun (und gleichzeitig das Konto schonen).

Den größten Unterschied macht der Sanierungsstand unseres Hauses aus. Der Heizspiegel 2019, der im Auftrag des Bundesumweltministeriums erstellt wurde, zeigt: In energetisch schlechteren Häusern zahlten Bewohner mehr als doppelt so viel fürs Heizen wie Menschen, die in energetisch sinnvoll sanierten Gebäuden leben. Ähnlich sieht es bei der CO_2-Bilanz aus: In einer 70 Quadratmeter großen Wohnung in einem energetisch gut sanierten Mehrfamilienhaus mit Erdgasheizung entstehen pro Jahr rund 1,5 Tonnen CO_2 durchs Heizen – mit schlechter Sanierung sind es 3,8 Tonnen. Wollte man diese Differenz kompensieren, müsste man etwa 200 Bäume pflanzen. Wenn Sie selbst ein Haus besitzen, sollten Sie in Sachen Sanierung also wenn möglich aktiv werden. Für Mieter heißt es: Achten Sie darauf, wie Sie heizen.

Die erste Entscheidung ist, wie warm es in der Wohnung sein sollte. »Jedes Grad Raumtemperatur weniger macht etwa sechs Prozent Energieersparnis aus«, sagt die Verbraucherzentrale Hamburg. »Doch die Frage ist natürlich, bei welcher Temperatur man sich selbst zu Hause wohlfühlt.« Grobe Empfehlungen von Exper-

ten sind 20 bis 22 Grad für Wohnräume, in Schlafzimmer und Küche können es auch 18 bis 19 Grad sein – dafür mögen es viele Menschen im Bad wärmer.

Gut zu wissen

→ *Zum richtigen Heizen gehört auch das richtige Lüften: Statt Fenster dauerhaft zu kippen, sollten Sie besser fünf Minuten stoßlüften – dann ist die Raumluft ausgetauscht. Wer auf der gegenüberliegenden Seite auch ein Fenster hat, bei dem reichen auch zwei bis drei Minuten zum »Querlüften«.*

Das gilt natürlich nur, wenn jemand zu Hause ist. Wer morgens das Haus verlässt und erst abends zurückkehrt, braucht in der Zwischenzeit keine 22 Grad im Wohnzimmer. Aber ganz herunterdrehen sollte man die Heizung trotzdem nicht. »Zu große Temperaturunterschiede sollte es nicht geben«, rät die Verbraucherzentrale. »Dann kühlen die Bauteile aus und es gibt einen großen Unterschied zwischen der Temperatur der Raumluft und Flächen wie Wänden und Böden, was im Anschluss zu einem erhöhten Energiebedarf beim Aufheizen führt. Außerdem steigt das Schimmelrisiko.«

Gut wäre es, die Temperatur um etwa zwei bis drei Grad abzusenken, wenn Sie das Haus verlassen. Noch besser ist ein programmierbares Raumthermostat, das sich darum kümmert. Denn: »Wenn man die Temperatur manuell regelt, ist es noch lange

warm, wenn niemand mehr im Raum ist. Nach der Rückkehr dauert es, bis wieder die Wohlfühltemperatur erreicht ist«, so die Experten. Jede Heizung lässt sich mit einem solchen Gerät aufrüsten, es gibt sie für relativ wenig Geld im Baumarkt.

Die Zahlen an einem klassischen Drehthermostat der Heizung sagen übrigens in der Regel nichts darüber aus, wie schnell es warm wird – sie stehen für eine ungefähre Raumtemperatur, die bei einer gewissen Einstellung erreicht wird. Zum Beispiel steuern viele Heizungen bei Stufe 2 etwa eine Temperatur von 16 Grad und bei Stufe 5 eine Temperatur von 28 Grad an. Meistens stellt jede Stufe eine Temperaturerhöhung von rund vier Grad dar. Bei welcher Zahl die persönliche Wohlfühlwärme erreicht ist, muss jeder für sich feststellen.

Kurz gesagt

1. *Drehen Sie die Heizung nicht komplett herunter, wenn Sie das Haus verlassen: Kühlen Räume aus, ist später der Energieaufwand fürs Heizen höher und das Schimmelrisiko steigt.*

2. *Statten Sie Ihre Heizkörper am besten mit einem programmierbaren Thermostat aus: So wird nicht unnötig geheizt, Sie sparen Geld und schonen das Klima.*

3. *Den größten Unterschied macht der Sanierungszustand des Hauses: Wenn Sie es in der Hand haben, sollten Sie ihn optimieren.*

GAS- ODER KOHLEGRILL?

Beim Picknick im Park stellt sich die Frage wohl nicht – da setzen die wenigsten Menschen auf einen Gasgrill. Aber was ist die beste Variante, wenn wir mit gutem Gewissen im eigenen Garten oder auf dem Balkon grillen wollen?

Die Antworten der Umweltschützer sind hier eindeutig: Das Grillen auf Holzkohle schneidet schlechter ab. Denn die wird oft aus Tropenholz hergestellt, teilweise roden Produzenten dafür Wälder in Paraguay oder Argentinien. Das ist nicht nur wegen der weiten Transportwege mies für die Ökobilanz: Die Tropenwälder sind wichtig für Weltklima und Artenschutz – und wir können sie während unserer Grillabende schützen.

Mein Tipp

- *Für alle, die am Kohlegrill hängen, gibt es auch Grillkohle aus Olivenkernen zu kaufen. Sie wird nicht nur nachhaltig produziert, sondern soll auch länger brennen als die klassische Holzkohle. Diese Briketts gibt es in einigen Baumärkten – ansonsten einfach online schlaumachen, wo sie in der Nähe zu kaufen sind.*

Wenn Sie nicht auf Holzkohle verzichten wollen, sollten Sie beim Kauf auf Siegel achten: Die Siegel FSC und PEFC garantieren, dass für die Herstellung der Kohle Holz aus nachhaltiger Waldbewirtschaftung verwendet wurde. (Dabei sind die Richtlinien des FSC-Siegels noch strenger.) Außerdem gibt es ein

DIN-Prüfzeichen (DIN EN 1860-2), das garantiert, dass die Holzkohle kein Pech, Erdöl, Koks oder Kunststoff enthält – all das wäre für einen möglichst klimaschonenden Grillabend keine gute Wahl.

Was den größten Effekt hat

Doch trotz aller guten Absichten beim Kohlekauf: Bei jedem Grillen auf Holzkohle bilden sich laut Umweltbundesamt Schadstoffe wie Feinstaub und CO_2. Hier wäre ein Gas- oder ein Elektrogrill im Vorteil. »Den größten Effekt hat allerdings, was auf dem Grill landet«, stellt der NABU klar. »Etwa 95 Prozent der klimarelevanten Emissionen bei einem Grillabend werden durch das Grillgut verursacht.« Das bedeutet: Auch bei einem Gasgrill (oder sogar einem mit Ökostrom betriebenen Elektrogrill) tun wir dem Planeten keinen Gefallen, wenn wir Fleisch aus Massentierhaltung auf den Rost legen. Am besten bereiten wir für den nächsten Grillabend also auch ein paar Gemüsespieße vor.

Kurz gesagt

1. *Ein Gasgrill ist die umweltfreundlichere Wahl, denn oft wird auf einem Kohlegrill Tropenholz verfeuert – außerdem gelangen Feinstaub und CO_2 in die Luft.*

2. *Wenn Sie trotzdem mit Kohle grillen möchten: Achten Sie auf Siegel wie FSC, damit das Holz für die Kohle aus nachhaltiger Waldbewirtschaftung stammt.*

GERÄTE ERSETZEN ODER ALTE BEHALTEN?

Die Waschmaschine ist eigentlich noch in Ordnung – doch im Elektromarkt sind gerade Modelle im Angebot, die gleich mehrere Energiesparklassen besser sind. Sollten wir zuschlagen, um das Klima zu schonen? In einem nachhaltigen Haushalt muss schließlich ein A+++-Gerät stehen, oder?

Ganz so simpel ist die Lage leider nicht. Denn solange ein Elektrogerät noch funktioniert, ergibt es aus Umweltschutz-Perspektive wenig Sinn, es einfach durch ein neues auszutauschen. Für die Produktion werden viele Ressourcen benötigt, hinzu kommt der Transport aus teilweise weit entfernten Herstellungsländern. Bis wir das alles mit der Energieersparnis des neuen Modells wieder reingeholt haben – das dauert.

»In der Regel geht es ganz klar vor, das alte Gerät zu behalten«, sagt deshalb die Deutsche Umwelthilfe. »Lediglich bei wenigen Ausnahmen kann eine Neuanschaffung nachhaltiger sein.« Die Entscheidung hängt davon ab, um welches Gerät es sich handelt – und wie die Alternative aussieht: »Bei Kühlschränken kommt hinzu, dass die neuen Modelle oft größer sind«, sagt Nachhaltigkeits-Expertin Prof. Marlen Arnold von der TU Chemnitz. »Man sollte sich vor einem Kauf unbedingt den absoluten Stromverbrauch ansehen.«

Denn es kann zwar grundsätzlich sinnvoll sein, ein Gerät der Klasse B oder schlechter durch A++ oder besser zu ersetzen. Aber wenn sich die Größe stark unterscheidet, verbraucht das neue

Gerät möglicherweise trotzdem mehr Strom. Auch bei modernen Fernsehern sollte man genau checken, ob eine Neuanschaffung wirklich zu einer Stromersparnis oder nur zu besserer Bild- und Soundqualität führt.

Gut zu wissen

→ *Experten sprechen bei diesen Überlegungen auch immer vom »Rebound-Effekt«: Was machen wir mit dem eingesparten Geld durch gesunkene Stromkosten? Es in Flugreisen oder (nicht nachhaltige) Produkte stecken? Dann hat die Umwelt auch nichts davon.*

Die Entscheidung hängt zusätzlich davon ab, wie oft das Gerät benutzt wird. In einer Großwäscherei lohnt sich die Anschaffung einer neuen, energiesparenden Maschine viel eher als in einem Zwei-Personen-Haushalt.

Recycling, Müllkippe oder Partykeller?

Wichtig auch: Was passiert mit dem alten Gerät? »Weiße Haushaltsware muss von Herstellern zurückgenommen werden, aber oft ist unklar, was mit den Geräten passiert«, sagt Arnold. Werden sie weiterverkauft oder auseinandergebaut und in einen sinnvollen Recyclingprozess gegeben? Idealerweise werden die verbauten Materialien fein säuberlich voneinander getrennt und dann eingeschmolzen oder weiterverwendet. »In Deutschland und Europa gibt es

dafür hohe Standards, aber wenn Geräte in Afrika landen, kann es passieren, dass am Ende alle Einzelteile auf einem Haufen liegen – inklusive der Flüssigkeiten und Gase, die schlecht für die Umwelt und die Menschen vor Ort sind.« Fragen Sie vor der Rückgabe also am besten nach, was im Anschluss passiert. Wie so oft gilt: Wenn man keine Auskunft erhält, sollte das zu denken geben.

Vielleicht finden Sie auch selbst eine neue Verwendung für das alte Stück? Können Sie den ausrangierten Fernseher an Bekannte weitergeben oder übers Internet verkaufen? Den alten Kühlschrank in den Partykeller stellen? »Es ist immer super, wenn man die Lebensdauer eines Geräts ein Stück weit verlängern kann«, sagt die Expertin. »Das sollte man grundsätzlich versuchen, bevor man es entsorgt.«

Kurz gesagt

1. *In den meisten Fällen ist es am besten, die Lebensdauer eines Geräts zu verlängern – also das alte zu behalten.*
2. *Wenn es eine Neuanschaffung sein soll, dann geben Sie am besten das alte Gerät weiter oder bemühen Sie sich um eine fachgerechte Entsorgung.*
3. *Beachten Sie bei neuen Geräten unbedingt den absoluten Energieverbrauch: Oft wird die bessere Energiesparklasse durch Steigerungen bei Leistung oder Größe wieder zunichte gemacht.*

ESSIGREINIGER ODER ANDERE PUTZMITTEL?

Eins gegen Kalk, eins gegen Fett, eins für bakterienfreie Sauberkeit – viele von uns besitzen ein ganzes Arsenal an Putzmitteln. Würde die Umwelt profitieren, wenn es weniger wären?

»Die meisten Spezialmittel benötigt man nicht«, erklärt die Verbraucherzentrale Hamburg. »Hier lautet das Stichwort: Abrüstung.« Das ist günstiger und immerhin ein bisschen besser für die Umwelt. Bleiben wir bei Essigreiniger: »Dabei handelt es sich um eine naturnahe Substanz, es gibt in der Umwelt Mikroben, die sich mit dem Abbau befassen«, sagen die Experten.

Wirklich umweltschonend ist auch Essigreiniger nicht, deshalb sollte auch er sparsam eingesetzt werden. Denn eins ist klar: Damit hartnäckiger Schmutz weggeht, muss ein Mittel zumindest eine gewisse Aggressivität mitbringen. Essigreiniger wäre hier ein Kompromiss. (Dabei reden wir von verdünnten Lösungen, nicht von konzentrierter Essigsäure.)

Vermeiden sollten Sie mit Blick auf die Umwelt Chlorreiniger und Putzmittel, die zu viele Duftstoffe enthalten. In ihnen steckt zusätzliche Chemie, die nicht nötig ist und im Abwasser landet.

Kurz gesagt

→ *Jedes Putzmittel belastet die Umwelt, doch Essigreiniger ist immerhin eine naturnahe Substanz und daher eher zu empfehlen als rein chemische Produkte.*

WASCHPULVER ODER FLÜSSIGES WASCHMITTEL?

Es gibt so viele Waschmittel mit so vielen (angeblichen) Superkräften – und dann auch noch in völlig unterschiedlicher Form. Pulver oder flüssige Alternative: Was sollten wir kaufen? Zumindest mit guten Umweltschützer-Absichten ist die Antwort ziemlich klar.

»Lieber fest als flüssig«, rät das Umweltbundesamt. Denn Waschpulver hat eine höhere Waschleistung und belastet die Klärwerke weniger. Was uns nämlich bei jedem Waschgang klar sein muss: Ganz unabhängig von der Art des Waschmittels handelt es sich immer um Chemie. »Alles, was man in die Waschmaschine hineinkippt, fügt man dem Wasserkreislauf zu«, sagt der NABU. Waschpulver ist das kleinere Übel für die Umwelt, nachdem es seinen Zweck in unserer Waschmaschine erfüllt hat. Was hinzukommt: Flüssigwaschmittel ist schwerer, weil Wasser hinzugefügt wurde. »Dadurch entsteht ein höherer CO_2-Verbrauch beim Transport«, erklären die Experten.

Ansonsten gilt beim Waschen grundsätzlich: Alles weglassen, was wir nicht brauchen. Auch Weichspüler und besondere Duftstoffe sind chemische Komponenten, die nach dem Waschgang direkt im Wasser landen. Überlegen Sie daher für sich selbst, auf was Sie nicht verzichten wollen und was möglich wäre – oder testen Sie, wie sich ein Waschmittel anfühlt, das ohne viel Schnickschnack auskommt.

Auch die eigene Dosierung von Pulver oder Flüssigwaschmittel könnten wir kritisch checken: Halten wir uns (zumindest ungefähr)

an die Angaben auf der Verpackung? Oder machen wir es nach Gefühl und verfolgen eher die Devise »Viel hilft viel«? Das wäre eine unnötige Belastung für den Planeten und führt außerdem dazu, dass wir zu viel Geld für immer neues Waschmittel ausgeben.

Mein Tipp

→ *Wer beim Waschen Energie sparen will, sollte auf längere Programme mit niedriger Temperatur setzen statt auf Schnell-Durchgänge bei 60 Grad. So lässt sich der Energieverbrauch um bis zu 50 Prozent reduzieren.*

Wenn Sie – aus welchen Gründen auch immer – trotzdem auf flüssiges Waschmittel setzen: Für die Maschine ist es gut, wenn etwa einmal im Monat eine 60-Grad-Wäsche mit Waschpulver läuft. Die hohe Temperatur tötet Bakterien in der Trommel ab und die Bleichmittel im Pulver (die in Flüssigwaschmittel nicht vorkommen) sorgen für eine gründliche Reinigung der Maschine.

Kurz gesagt

1. *Waschmittel in Pulverform ist die umweltfreundlichere Variante: Es belastet die Klärwerke weniger und spart durch geringeres Gewicht CO_2 beim Transport.*

2. *Auch auf die Dosierung kommt es an: Nehmen Sie nur so viel Pulver, wie wirklich nötig ist. Das schont Umwelt und Konto.*

TROCKNER ODER WÄSCHESTÄNDER?

Im Sommer und mit eigenem Garten hinterm Haus ist die Antwort wohl klar: Da kann Wäsche problemlos draußen trocknen, ohne dass Energie verbraucht wird. Schwieriger ist es im Winter, wenn vielleicht sogar mehrere Wäscheständer gleichzeitig im Wohnzimmer stehen: Ist das Trocknen im beheizten Raum immer noch der nachhaltigste Weg, um die Feuchtigkeit loszuwerden?

Ja – es ist immer besser für den Planeten, die Wäsche aufzuhängen. »Ein Trockner benötigt viel Energie im Betrieb, hinzu kommt die Produktion«, sagt Nachhaltigkeitsexperte Robert Böhnke. »Oft wird schon nach ein paar Jahren ein neues Gerät angeschafft, was mit dem Verbrauch vieler Ressourcen einhergeht.« Das alles entfällt beim Trocknen an der Luft.

Wichtig beim Aufhängen: Wäsche braucht keine hohen Temperaturen, um trocken zu werden. Wir müssen also nicht die Heizung aufdrehen, wenn wir morgens das Haus verlassen, damit wir die Pullis und Hosen schnell wieder anziehen können. Und es ist auch im Winter kein Problem, die Wäsche auf den Balkon oder in den Garten zu stellen, solange es nicht regnet, schneit oder dichter Nebel herrscht.

Das Hauptproblem beim Trocknen auf der Leine ist die Feuchtigkeit: Sie muss aus der Wohnung entweichen, damit sich kein Schimmel bildet. Deshalb ist es unbedingt nötig, immer wieder gut zu lüften – am besten von Zeit zu Zeit die Fenster komplett für fünf Minuten öffnen und Durchzug erzeugen, wenn das

möglich ist. Ein Profitipp dafür: Wenn Sie die Wäscheständer so platzieren, dass die Luft durch die einzelnen Kleidungsstücke hindurchströmen kann, ist der Lüftungseffekt viel größer, als wenn die Wäsche quer zum offenen Fenster steht.

Gut zu wissen

→ *Wäsche kann sogar bei Minusgraden im Freien trocknen: Die in der Kleidung enthaltene Feuchtigkeit gefriert erst, dann geht sie in einen gasförmigen Zustand über. Allerdings: Die Wäsche kann dann etwas härter sein als sonst.*

Ob durch das Trocknen in der Wohnung ein Schimmelrisiko besteht, hängt auch von der Raumgröße ab und davon, wie oft eine ganze Ladung nasse Wäsche im jeweiligen Zimmer steht: Wenn man die Kleidung immer wieder in einem kleinen Raum aufhängt, kann sich dort auf Dauer Schimmel bilden. Weisen Sie Ihrer Wäsche also besser keinen festen Stammplatz zu, sondern lassen Sie diese (wenn möglich) immer mal durch die Wohnung rotieren.

Kurz gesagt

1. *Für die Umwelt ist es auch im Winter deutlich besser, die Wäsche drinnen auf einem Wäscheständer zu trocknen.*
2. *Die Heizung müssen Sie dafür nicht aufdrehen – denn Wärme ist fürs Trocknen nicht unbedingt nötig.*

LICHT IMMER KURZ AUSSCHALTEN ODER LÄNGER BRENNEN LASSEN?

Auf den Lichtschalter drücken, wenn man nur kurz den Raum verlässt – früher sagte man, das sei Quatsch, denn das Einschalten einer Glühbirne verbrauche ungefähr so viel Energie wie eine Stunde Leuchtbetrieb. Ist das so?

»Die heutigen Leuchtmittel wie LEDs haben nur eine sehr kurze Aufladephase«, erklärt Marlen Arnold, Professorin für betriebliche Umweltökonomie und Nachhaltigkeit. »Wie oft man sie ein- und ausschaltet, spielt deshalb überhaupt keine Rolle mehr.«

Außerdem verfügen moderne Birnen über eine sehr hohe »Schaltfestigkeit«, wie Experten sagen. Das heißt: Sie leiden nicht wie die klassischen Glühbirnen unter dem häufigen An- und Ausschalten. Früher verkürzte sich die Lebensdauer mit jedem neuen Aufleuchten, doch dieses Problem haben die Hersteller behoben. Marlen Arnold sagt deshalb: »Lieber einmal zu viel ausschalten, als zu wenig. Nicht, dass man es am Ende vergisst.«

Kurz gesagt

1. *Schalten Sie das Licht so oft wie möglich aus: Moderne Leuchtmittel brauchen nicht viel Strom, wenn sie angeschaltet werden.*

2. *Häufiges An- und Ausschalten verkürzt die Lebensdauer nicht – das war nur früher bei Glühbirnen der Fall.*

ENERGIESPARLAMPE ODER LEDS?

Klassische Glühbirnen wurden längst vom Markt genommen und auch Halogenlampen liegen kaum noch in den Regalen. Denn beide Varianten verbrauchen zu viel Strom für klimafreundliche Haushalte. Jetzt haben wir vor allem die Wahl zwischen Energiesparlampen und LEDs – und hierbei gibt es große Unterschiede, die sich (nicht nur) auf der Stromrechnung bemerkbar machen.

»Im Vergleich zu Energiesparlampen liegen LEDs ganz klar vorne«, sagt die Deutsche Umwelthilfe. »Sie sind noch effizienter als Energiesparlampen und enthalten kein Quecksilber, deshalb sollte man sie bevorzugen.« Energiesparlampen verbrauchen zwar bis zu 80 Prozent weniger Strom als die klassischen Glühbirnen von früher (daher auch der Name), doch bei LEDs liegt die Ersparnis sogar bei 85 Prozent. Sie haben die größte Ausbeute an Licht pro verbrauchtem Watt Energie. Hinzu kommt, dass LEDs in der Regel länger halten und »schaltfester« sind als andere Birnen – sie können also öfter an- und ausgeschaltet werden.

Fest verbaute LEDs: Keine gute Idee

Worauf wir bei unserem Beleuchtungskonzept unbedingt achten sollten: Wenn wir Lampen kaufen, sollten die LEDs nicht fest verbaut sein. »Das ist ein problematischer Trend«, findet die Deutsche Umwelthilfe. »Denn wenn das Leuchtmittel kaputt ist, muss das ganze Produkt ausgetauscht werden.« Das sorgt wieder für Abfall und vergeudet wertvolle Ressourcen bei der Produktion.

Gut zu wissen

- *Es gibt auch noch Restbestände von Halogenlampen zu kaufen, doch wir sollten davon die Finger lassen. Auch wenn sie oft mit verschiedenen »Eco-Labeln« beworben werden: Sie verbrauchen richtig viel Energie.*

Und wenn man noch eine von den ganz alten Glühbirnen zu Hause findet? »Am besten verwendet man diese Lampen in Räumen, in denen man nur selten Licht braucht«, raten die Umweltexperten. »Wenn man sie zum Beispiel gelegentlich in einer Abstellkammer einschaltet, bis sie ihren Geist aufgeben, ist das besser, als sie zu entsorgen, obwohl sie noch funktionieren.«

Apropos Entsorgung: Alle Arten von Leuchtmitteln gehören nicht in den Hausmüll. Man kann sie in vielen Elektro- oder Supermärkten zurückgeben oder zum Wertstoffhof bringen.

Ganz unabhängig von der Art der Leuchte: Einen riesigen Unterschied macht es, Lampen mit Ökostrom zu betreiben – laut Experten ist das ein »Big Point« bei der Mission Klimaschutz.

Kurz gesagt

1. *LEDs sind die klaren Energiesparsieger. Sie sind langlebig und verbrauchen am wenigsten Strom.*
2. *Achten Sie beim Kauf von Lampen unbedingt darauf, dass die LEDs nicht fest verbaut sind – sonst muss das ganze Produkt ausgetauscht werden, sobald die Lampe erlischt.*

STREICHHÖLZER ODER FEUERZEUG?

Eine Frage, die sich vielleicht einige ambitionierte Klimaschützer stellen, mit der sich Wissenschaftler aber bislang nicht beschäftigt haben: Streichhölzer oder Feuerzeug, was ist besser für die Umwelt? Vielleicht gibt es keine Studien dazu, weil die Auswirkungen beider Varianten eher gering sind. In Zeiten von zu vielen Flügen und Autofahrten (siehe Seite 131), von übermäßigem Fleischkonsum (Seite 15) und der zunehmenden Belastung durch Streaming und Co. (Seite 109) spielt es nur eine untergeordnete Rolle, auf welchem Weg wir Kerzen anzünden.

Wer sich trotzdem eine Antwort auf die Frage wünscht, kann die Herstellungsprozesse und Inhaltsstoffe betrachten: Streichhölzer kaufen wir meistens in Form von Sicherheitsstreichhölzern, bei denen nur der Kopf entzündlich ist. Sie sind oft aus Espenholz gemacht, im Zündkopf finden sich unter anderem Schwefel, Leim und Farbstoffe. Die Reibefläche zum Anzünden enthält Phospor. Auch wenn Laien nicht wissen, was sich genau hinter all dem verbirgt: Hier kommt viel Chemie zusammen.

Natürlich müssen für die Produktion von Streichhölzern Bäume gerodet werden – allerdings nur in geringem Ausmaß. Nach Schätzungen eines schwedischen Streichholzherstellers können ungefähr eine Million Streichhölzer aus einer durchschnittlich großen Espe gemacht werden. Dann werden die Streichhölzer meistens in bedruckten Pappschachteln verpackt, manchmal kommt noch eine Plastikhülle hinzu. Und je nach Streichholzlänge stellt sich die

Frage, wie viele Hölzchen benötigt werden, um eine Kerze anzuzünden (zum Beispiel ein Teelicht in einem großen Glas draußen auf dem Balkon – da ist es oft mit einem Streichholz nicht getan). Unterschätzen sollte man all das nicht.

Bei Feuerzeugen ist die entscheidende Frage, ob es sich um Einwegmodelle handelt oder um solche, die nachfüllbar sind. »Wer es regelmäßig nutzt, trifft mit einem hochwertigen und langlebigen Feuerzeug eine gute Wahl«, rät die Verbraucherzentrale Hamburg. »Das Problem stellen vielmehr Einwegfeuerzeuge aus Kunststoff dar.« Denn die halten nicht besonders lange und man sieht sie immer wieder in Parks oder am Straßenrand liegen.

Und was ist mit dem Gas, das im Innern steckt? »Feuerzeuge werden mit fossilen Brennstoffen befüllt«, erklären die Experten. »Allerdings handelt es sich um so kleine Mengen, dass man sich darum keine Gedanken machen muss: Die Auswirkung ist verschwindend gering im Vergleich zu Autofahrten.«

Wofür wir uns entscheiden, wird die Zukunft des Planeten nicht entscheidend prägen – solange wir keine Einwegfeuerzeuge kaufen, die dann in der Natur landen.

Kurz gesagt

→ *Ob Streichhölzer oder ein langlebiges Feuerzeug zum Nachfüllen, das macht keinen großen Unterschied. Nur Einwegfeuerzeuge sollten es nicht sein.*

STREAMEN ODER KLASSISCH FERNSEHEN?

Die Lieblingsserien jederzeit verfügbar, dazu ein riesiges Angebot an Filmen und spannenden Dokus – Streamingdienste haben unseren Medienkonsum auf ein neues Level gebracht. Doch so praktisch das ist, mit Blick auf die Nachhaltigkeit stellt Streaming ein echtes Problem dar.

Das Abspielen von Onlinevideos hat im Jahr 2018 weltweit 300 Millionen Tonnen CO_2 produziert – das ist etwa so viel wie der jährliche Ausstoß von ganz Spanien. Zu diesem Ergebnis kam eine Studie des französischen Think Tanks »The Shift Project« im Jahr 2019. Das Streaming über Video-on-Demand-Plattformen wie Netflix oder Amazon Prime hatte daran einen Anteil von mehr als 100 Millionen Tonnen. Verantwortlich dafür sind die Datennutzung, während wir unsere Lieblingsserie schauen, aber auch die IT-Infrastruktur, Rechenzentren und alles Weitere, was benötigt wird, um riesige Datenmengen in Top-Auflösung um die halbe Welt bis in unser Wohnzimmer zu transportieren.

»Die Energie, die verbraucht wird, hängt von der Bild- und Tonqualität ab«, erklärt der Deutsche Naturschutzring. »Je größer ein Datenpaket ist, umso mehr Strom verbraucht es.« Die Qualität der Inhalte steigt ständig – die Klimabelastung wächst also kontinuierlich. Genau wie die Zahl der Nutzer: Schätzungen zufolge haben im Jahr 2019 weltweit 200 Millionen Menschen kostenpflichtige Streamingangebote genutzt. 2022 werden es vermutlich schon 400 Millionen sein.

Binge-Watching als CO_2-Schleuder

Die klimaschädlichen Auswirkungen der Digitalisierung sind mittlerweile ein eigenes Forschungsgebiet geworden – auch wenn es dabei nicht nur um Streamingdienste geht. »Wäre das Internet ein Land, hätte es den weltweit sechstgrößten Energieverbrauch«, hat Greenpeace ausgerechnet. Doch E-Mails oder Blogbeiträge benötigen weitaus weniger Daten als hochauflösende Videos. Das sogenannte Binge-Watching sehen Umweltschützer besonders kritisch: Streaming-Anbieter machen es leicht, eine ganze Serie am Stück zu gucken. Oft wird die nächste Folge automatisch abgespielt und damit das nächste Datenpaket zu uns geschickt. Das kostet Energie und treibt den CO_2-Ausstoß in die Höhe: Laut »The Shift Project« fallen bei einer halben Stunde Streaming so viele Emissionen an wie bei einer Autofahrt von 6,3 Kilometern.

Den großen Betreibern von Internetangeboten sind ihre Umweltauswirkungen und die Kritik daran natürlich klar. Einige von ihnen setzen deshalb verstärkt auf Ökostrom und die Entwicklung energiesparender Geräte. Doch viele Serverparks stehen Experten zufolge noch immer dort, wo Strom günstig (und nicht grün) ist.

Besonders problematisch ist das Streaming, wenn wir uns damit unterwegs – zum Beispiel in Bus oder Bahn – die Zeit vertreiben, denn die Nutzung mobiler Daten ist energieaufwendiger als das Streaming im heimischen WLAN (siehe Seite 137). Ein Tipp für alle, die auch unterwegs nicht verzichten: Serien und Filme zu Hause vorladen und später offline schauen.

Streaming trägt also zur Verschärfung der Klimakrise bei, aber ist klassisches Fernsehen eine gute Alternative? Natürlich verbrauchen auch Fernseher, Kabelbetreiber oder der Empfang über Satellitenschüsseln Strom und andere Ressourcen. Aber: Bei Weitem nicht so viel wie die gigantischen Datenmengen, die sekündlich fürs Streaming durch die Welt geschickt werden. Und auch wenn genau dieser Unterschied das Streaming so attraktiv macht – wenn zur Prime Time auf allen Fernsehern der Republik die gleichen Sendungen laufen, ist das deutlich klimaschonender als das Zusammenstellen von individueller Abendunterhaltung über Video-on-Demand-Plattformen.

Klassische Fernsehsendungen, die wir über eine Mediathek ansteuern, gelten übrigens auch als Streaming. Der Inhalt wurde zwar für einen konventionellen Sender produziert, die Datenpakete rasen aber in diesem Moment ganz individuell für uns durchs Land.

Kurz gesagt

1. *Streamingdienste verursachen pro Jahr einen CO_2-Ausstoß von mehr als 100 Millionen Tonnen, denn das Verschicken großer Datenpakete benötigt extrem viel Energie. Klassisches Fernsehen ist klimaschonender.*

2. *Wenn Sie unterwegs Serien oder Filme gucken wollen: Laden Sie sie besser zu Hause im WLAN vor.*

3. *Auch Inhalte in einer Mediathek zählen zum Streaming.*

DESKTOP-PC ODER NOTEBOOK NUTZEN?

Ein Leben ohne Computer – für viele Menschen unvorstellbar. Ambitionierte Umweltschützer achten bei Kauf und Nutzung am besten darauf, für welches Modell sie sich entscheiden.

Ein klassischer Desktop-PC hat den Vorteil, dass er in der Regel gut zu reparieren und aufzurüsten ist. Gründe dafür sind das leicht zu öffnende Gehäuse und die relativ einheitlichen Komponenten. Dadurch werden seltener neue Geräte mit wertvollen Ressourcen im Innern benötigt. Nachteil: Der Energieverbrauch ist deutlich höher als bei einem Notebook, da der Betrieb nicht auf sparsamen Akkubetrieb optimiert ist.

In diesem Punkt liegen die mobilen Arbeitsgeräte vorne: Hard- und Software sind so entwickelt, dass sie möglichst wenig Energie benötigen. Schließlich soll der Akku lange halten. Allerdings sind Notebooks schwieriger zu reparieren oder aufzurüsten.

Das Umweltbundesamt hat ausgerechnet: Den größten Einfluss auf den Planeten hat die Produktion eines Geräts. Über einen Zeitraum von zehn Jahren betrachtet sorgt ein Computerarbeitsplatz mit Desktop-PC für einen Ausstoß von 1343 Kilogramm CO_2, beim Notebook sind es 1394, insgesamt ist der Unterschied also gering. Aber: Beim Desktop-PC fallen 65 Prozent auf die Herstellung, beim Notebook 83 – die Nutzung des mobilen Gerätes ist deutlich sparsamer, wenn es einmal im eigenen Besitz ist.

Falls Sie ohnehin schon beides in der Wohnung stehen haben und nur entscheiden, was Sie gerade nutzen, dann nehmen Sie so

oft wie möglich das Notebook. (Dabei am besten auch den Ruhezustand im Blick behalten, siehe Seite 115.) Ansonsten rät das Öko-Institut: »Am besten ein langlebiges, reparierbares oder bereits gebrauchtes Gerät kaufen. Das spart am meisten CO_2 ein.«

Bei einer privaten Neuanschaffung sollte die erste Devise lauten: Kein überdimensioniertes Gerät kaufen. Wer nur gelegentlich im Internet surft oder Mails verschickt, braucht keinen Gamer-PC mit leistungsstarker Grafikkarte oder riesigem Arbeitsspeicher. »Für den Bürobetrieb ist unsere Empfehlung der sogenannte Mini-PC mit externem Monitor«, sagt das Öko-Institut. »Also ein Desktop-PC mit energiesparenden Chips, aber trotzdem leicht aufrüstbar, reparierbar und langlebig.«

Den größten Gefallen tun wir dem Planeten, wenn wir aufbereitete Second-Hand-Rechner kaufen – das spart Ressourcen, Energie und Treibhausgas-Emissionen. Allein an der Produktion einer klassischen Computermaus sind mehr als 100 Unternehmen beteiligt.

Kurz gesagt

1. *Sind beide Geräte vorhanden, ist die Nutzung eines Notebooks energiesparender.*

2. *Desktop-PCs sind in der Herstellung sparsamer und langlebiger, weil sie leichter zu reparieren und aufzurüsten sind.*

3. *Stellen Sie beim Neukauf keine überdimensionierten Ansprüche und setzen Sie auf ein gebrauchtes Gerät.*

WEB-ADRESSE SUCHEN ODER DIREKT AUFRUFEN?

Wie genau lautete die Website doch gleich? »eine-beispiel-seite.de« oder doch »einebeispielseite.com«? Wer nicht sicher ist, gibt den ungefähren Titel gern in eine Suchmaschine ein. Praktisch, aber eine unnötige Umweltbelastung. Denn jede einzelne Suchanfrage kostet Energie und setzt CO_2 frei. Es geistern diverse Zahlen durchs Netz, Google hat den Ausstoß pro einzelne Suche im Jahr 2009 auf 0,2 Gramm CO_2 beziffert. Das mag wenig klingen – aber bei etwa 40 000 Suchanfragen pro Sekunde weltweit summiert sich das.

Gut zu wissen

- *Google nutzt nach eigenen Angaben nur erneuerbare Energien. Es gibt aber auch alternative Suchmaschinen, die Bäume pflanzen oder auf Datenspeicherung verzichten: Tipps im Anhang.*

Wer diese Zahl etwas reduzieren will, denkt besser kurz nach, wie genau die Website hieß. Natürlich verbraucht die Zielseite auch Energie, aber wir sparen immerhin einen Zwischenschritt.

Kurz gesagt

- *Jede Suchanfrage verbraucht Strom. Wer diesen Schritt vermeiden kann, steuert die gewünschte Website besser direkt an.*

RUHEZUSTAND ODER ENERGIESPARMODUS?

Vielleicht ist einigen PC-Nutzern der Unterschied gar nicht bewusst, aber wer Strom sparen will, sollte wissen, was es mit Ruhezustand und Energiesparmodus auf sich hat. Bei den meisten Notebooks, auf denen Windows installiert ist, wird im Startmenü die Funktion »Energiesparen« angezeigt. Hierbei handelt es sich um den klassischen Stand-by-Modus. Der Computer schaltet sich nicht komplett ab, sondern der Arbeitsspeicher bleibt aktiv und wird weiterhin mit Strom versorgt. Wenn der Rechner wieder gebraucht wird, geht das Reaktivieren sehr schnell – so ist der Energiesparmodus gut für kurze Arbeitspausen geeignet.

Aber: Der Ruhezustand ist stromsparender. Im Vergleich zum klassischen Ausschalten wird der Inhalt des Computers hier sozusagen eingefroren, später sind alle Dateien noch geöffnet. Allerdings dauert das Reaktivieren länger als beim Energiesparmodus. Wer eine größere Pause einlegt, sollte am besten den Ruhezustand nutzen. Dieser ist jedoch im Windows-Startmenü nicht voreingestellt und es sind ein paar Schritte nötig, bis das der Fall ist. Detaillierte Anleitungen findet man online.

Kurz gesagt

- → *Der Ruhezustand benötigt weniger Strom als der Energiesparmodus. Wenn Sie den Computer für eine längere Pause verlassen, nutzen Sie am besten diese Funktion.*

HANDY TÄGLICH VOLL LADEN ODER NUR BEI BEDARF?

Jeden Abend landet das Handy am Kabel, damit der Akku am nächsten Morgen voll geladen ist und niemand das Risiko eingehen muss, mit 70 Prozent in den Tag zu starten. Bei diesem Akkustand kann man als Smartphone-Besitzer ja schon mal nervös werden. Vielleicht sollte man das aber aushalten können, denn engagierte Klimaschützer gehen anders vor.

»Die modernen Lithium-Ionen-Akkus haben einen optimalen Ladezustand, wenn sie in der Regel nicht unter 20 Prozent, aber auch nicht dauernd voll aufgeladen sind«, erklärt die Verbraucherzentrale Hamburg dazu. Heutzutage steckt in den meisten Smartphones ein solcher Akku. Komplett aufladen und dann leer werden lassen – dieser Rat galt bei älteren Akkus mal.

> Gut zu wissen
>
> → *Lithium-Ionen-Akkus laufen bei Außentemperaturen von 10 bis 25 Grad am besten. Ist es zu kalt, kann das dem Akku schaden. Bei Minusgraden ist es sinnvoll, das Handy nah am Körper zu tragen und mit Headset zu telefonieren.*

Bei einem neuen Handy heißt es stattdessen: Laden, benutzen – und dann schauen, ob es wirklich nötig ist, das Gerät schon wieder an die Steckdose zu schließen. Denn wer das zu oft macht, schadet dem Akku und damit dem Planeten. Es stecken so viele

wertvolle Rohstoffe drin, dass wir versuchen sollten, einen Akku möglichst lange am Leben zu halten.

Zu häufiges Laden ist kontraproduktiv, denn man kann davon ausgehen, dass es eine gewisse Anzahl an Ladezyklen gibt, für die unser Handy gemacht ist. »Im Anschluss versalzt der Akku innerlich und die Leistung lässt nach«, erklären die Experten. Und dann muss viel zu schnell ein neues Handy her (falls man dann nicht ohnehin schon dem Druck erlegen ist, ein neues Top-Gerät zu kaufen – was nicht besonders nachhaltig wäre).

Auch ohne Handy wird Strom verbraucht

Ein weiteres Argument dafür, das Handy nicht jeden Abend automatisch an den Strom zu stecken: Das Netzteil verbraucht auch dann Energie, wenn der Akku voll geladen ist. Dafür ist in der Regel keine ganze Nacht erforderlich, wir vergeuden also Energie, die mühsam produziert wird (und für die wir selbst teuer bezahlen). Ein minimaler Teil Strom wird selbst dann gezogen, wenn kein Handy mehr am Netzteil hängt. Also: Netzteil vom Strom nehmen, wenn man es nicht mehr braucht – oder eine Steckdosenleiste nutzen, die man per Schalter stilllegen kann.

Kurz gesagt

→ *Moderne Handy-Akkus halten am längsten, wenn sie mehr als 20 Prozent, aber auch nicht dauerhaft vollständig geladen sind.*

KAPUTTE KLEIDUNG IN RESTMÜLL ODER CONTAINER?

Gut erhaltene Shirts und Pullis, die wir nicht mehr tragen, sollten natürlich nicht im Müll landen – auf dem Flohmarkt, in Altkleidersammlungen oder im Schrank von Freunden sind sie weitaus besser aufgehoben. Bei kaputten oder dauerhaft verschmutzten Kleidungsstücken ist die Lage weniger eindeutig.

Auf vielen Sammelcontainern ist ein Hinweis im Stil von »Nur gut erhaltene Kleidung einwerfen« zu lesen. Die Organisationen argumentieren oft mit dem hohen Sortieraufwand, der durch defekte Textilien im Container entsteht. Sie wünschen sich nur Kleidung, die guten Gewissens weitergegeben werden kann. Gehört das T-Shirt mit der aufgerissenen Naht also in den Restmüll?

Wer sucht, findet die Spezialisten

»Wenn Kleidungsstücke tatsächlich nicht mehr zu reparieren sind, dann bringt man sie am besten zu speziellen Sammelstellen«, rät die Verbraucherzentrale Hamburg. Teilweise nehmen Wertstoffhöfe diese Textilien an, hier muss man sich in der eigenen Stadt auf die Suche machen. Einige Organisationen erklären auf der Website (oder auf Nachfrage), dass sie nicht mehr brauchbare Stoffe aussortieren und an spezielle Recyclingbetriebe geben. Auch kommunale Entsorger stellen in vielen Städten Container für verschlissene Textilien auf oder sie geben Tipps, wo man die spezialisierten Sammelstellen findet.

Es gibt außerdem verschiedene Modeketten, die Altkleider annehmen (unabhängig davon, wo man die Sachen gekauft hat), und teilweise werben sie ausdrücklich damit, dass auch nicht mehr tragbare Stücke abgegeben werden können. Diese gelangen in dafür vorgesehene Recyclinganlagen und die Textilfasern werden zum Beispiel für die Herstellung von Dämmstoffen verwendet. Landen sie im Restmüll, werden sie in der Regel verbrannt.

Gut zu wissen

→ *Mehr als eine Million Tonnen Altkleider und Schuhe werden in Deutschland pro Jahr aussortiert. Oberstes Ziel sollte sein, dass diese Dinge von anderen Menschen weitergetragen werden können – denn das spart Ressourcen bei der Textilproduktion.*

Eine Alternative zur Entsorgung: »Upcycling« mit den alten Stoffen betreiben, also etwas Neues aus ihnen herstellen. Nachhaltigkeits-Blogger zeigen online zum Beispiel, wie alte T-Shirts, Handtücher und Hosen zu Putzlappen, Kosmetikpads oder Tragetaschen werden.

Kurz gesagt

→ *Auch kaputte Kleidungsstücke sind zu schade für den Restmüll: Sie sollten bei Sammelstellen landen, die sich um ein Recycling der Textilien kümmern.*

KASSENZETTEL INS ALTPAPIER ODER DEN RESTMÜLL?

Auch wenn wir Bio-Lebensmittel kaufen kommen wir um einen gedruckten Kassenbon in den meisten Geschäften nicht herum. Er sieht nach Papier aus und könnte bei Mülltrennern deshalb in der blauen Tonne landen. Doch dort ist er im Normalfall falsch.

»Kassenzettel gehören nicht ins Altpapier, sondern sollten über den Restmüll entsorgt werden«, stellen die Experten der Berliner Stadtreinigung klar. »Hintergrund ist, dass Kassenzettel in aller Regel aus Thermopapier bestehen, das im Zuge eines bestimmten chemischen Prozesses bedruckt wird.« Dieses besondere Papier kann also nicht zusammen mit Zeitungen und Pappkartons recycelt werden. Es wird am Ende verbrannt und deshalb werfen wir es am besten sofort in den Restmüll. Ausnahmen bilden nur speziell gekennzeichnete »Ökobons«, die ins Altpapier dürfen.

Kassenzettel sind nicht die einzigen Papiere, die viele von uns falsch entsorgen: Backpapier und Fotos gehören wegen ihrer Beschichtung ebenfalls in den Restmüll, auch Getränkekartons sind kein Altpapier: Sie bestehen neben Karton auch aus Kunststoffen und sind in Wertstofftonne oder Gelber Tonne richtig.

Kurz gesagt

- *Weil sie aus Thermopapier bestehen und chemisch bedruckt werden, gehören Kassenbons statt ins Altpapier in den Restmüll.*

GEKOCHTE ESSENSRESTE IN BIO- ODER RESTMÜLL?

Am besten ist es, wenn sie gar nicht erst entstehen: Reste von gekochten Mahlzeiten, die in den Müll wandern. Doch manchmal passiert es einfach und wir können nicht alles rechtzeitig aufessen, weitergeben oder einfrieren. Dann stellt sich die Frage, wohin mit den Lebensmittelresten. Darf alles in die Biotonne?

Das letzte Wort bei dieser Entscheidung haben die regionalen Entsorgungsbetriebe: »Nicht in jeder Kommune dürfen alle Lebensmittelreste in die Biotonne gegeben werden. Bitte bei der Abfallberatung der jeweiligen Kommune informieren«, sagt die Berliner Stadtreinigung. Was erlaubt ist, hängt vom Verwertungsverfahren ab, das die jeweiligen Betriebe anwenden.

Fisch oder Fleisch am besten einwickeln

In vielen Regionen ist es in Ordnung, Lebensmittel unabhängig vom Verarbeitungszustand über die Biotonne zu entsorgen – also rohes Essen genauso wie gekochtes. Vor allem bei Gerichten mit Fisch oder Fleisch kann es allerdings sinnvoll sein, sie mit Zeitungspapier zu umwickeln, da ihr Geruch sonst Fliegen oder andere Tiere anlockt. Wenn es sich um normale Zeitungen handelt, die nicht speziell beschichtet oder stark bedruckt sind, können sie mit in die braune Tonne.

Unabhängig von der Region steht fest: Ins Abwasser gehören Lebensmittelreste nicht. Zu große Stücke können die Rohre verstopfen, sie machen die Reinigung des Abwassers aufwendiger und

teurer. Hinzu kommt, dass die Essensreste im Abwassersystem Ratten anziehen können, die sich dann in den Rohren vermehren.

Gut zu wissen

→ *Auf den eigenen Kompost im Garten sollten wir tierische und gekochte Lebensmittel nicht unbedingt werfen, weil sie womöglich Ratten anlocken. Außerdem herrschen oft nicht die gleichen idealen Temperaturen und Feuchtigkeitswerte wie in Verwertungsbetrieben.*

Auch nehmen wir Essensresten so die Möglichkeit, einen wichtigen Dienst zu leisten: In Verwertungsanlagen werden sie mithilfe von Mikroorganismen zu Biogas, das für die Strom- und Wärmeerzeugung genutzt wird. Der Kompost, der auf diese Weise entsteht, kann als Dünger auf Feldern landen – auch durch die richtige Entsorgung unserer Reste kommen wir der Weltverbesserung also ein kleines Stückchen näher.

Kurz gesagt

1. *Ob gekochte Lebensmittel in der Biotonne erlaubt sind, entscheidet der regionale Entsorger – hier können Sie sich online oder mit einem Anruf erkundigen.*

2. *Fleisch oder Fisch vor der Entsorgung am besten mit einer alten Zeitung umwickeln.*

ALTGLAS: DECKEL ABSCHRAUBEN ODER NICHT?

Am besten gehen wir natürlich so selten wie möglich zum Altglas-Container, denn weil Glas in der Herstellung und Reinigung so energieintensiv ist, sind Einweggläser gar nicht gut für den Planeten (siehe Seite 46). Aber wenn es doch von Zeit zu Zeit sein muss: Ist es dann okay, dass die Deckel von Marmeladenglas und Olivenöl-Flasche mit im Container landen?

Nein, bestenfalls schrauben wir sie vorher alle ab. »Um den Sortieraufwand zu reduzieren und auch das Recycling zu vereinfachen, sollten die Deckel in die Wertstofftonne beziehungsweise gelbe Tonne gegeben werden«, erklärt die Berliner Stadtreinigung. Der richtige Weg wäre also: Deckel schon zu Hause abschrauben oder nach dem Gang zum Container wieder einstecken und später wegwerfen. Landen die Deckel einfach im nächstbesten Mülleimer neben dem Container, nehmen wir den Kunststoff- und Metalldeckeln die Chance auf eine recycelte Zukunft.

Und wenn der Deckel im Container landet?

Falls wir das Abschrauben mal vergessen (oder bislang zu faul dafür waren), werden die Deckel im Recyclingprozess aussortiert und dann vom Altglas getrennt. Es ist also möglich, unseren Umweltschützer-Fehltritt wieder auszubügeln – aber dadurch erzeugen wir unnötigen Aufwand.

Wenn wir schon vor den Altglas-Containern stehen: Wie wichtig ist die Trennung nach Farben? Es hält sich ja hartnäckig das

Gerücht, dass am Ende ohnehin alle Flaschen und Gläser vermischt werden … Doch tatsächlich sollten wir weißes, grünes und braunes Glas getrennt wegwerfen: »Die Trennung von Altglas ermöglicht das Recycling und die Herstellung von farbechten Flaschen und Gläsern«, erklären die Abfallexperten.

Gut zu wissen

→ *In den Altglas-Container darf nur das, was Experten »Behälterglas« nennen. Porzellan, Spiegel, Trinkgläser oder Fensterglas haben hier nichts zu suchen und gehören in den Restmüll.*

Landet eine grüne Flasche im Container für weißes Glas, sorgt das für einen Farbschimmer bei den daraus neu hergestellten Flaschen. Mit weitreichenden Folgen: Viele Hersteller legen nämlich Wert auf klares Glas und wollen dieses Material nicht verwenden. Alles, was sich farblich nicht klar zuordnen lässt, ist im Container für grünes Glas am besten aufgehoben.

Kurz gesagt

1. *Schrauben Sie die Deckel ab, bevor Sie Ihr Altglas in den Container werfen. Das vereinfacht den Recyclingprozess.*
2. *Die Deckel entsorgen Sie am besten in der Wertstofftonne oder in der Gelben Tonne.*

BATTERIEN IN WERTSTOFFTONNE ODER NICHT?

Wie praktisch, wenn man eine Wertstofftonne neben der Gelben Tonne vor der Tür stehen hat: Dann können nicht nur Joghurt- oder Nudelpackungen einfach und richtig entsorgt werden, sondern sogar Töpfe, Werkzeuge oder Armaturen. Da liegt der Gedanke doch nahe, dass auch Batterien in diese Tonne gehören, oder?

Leider falsch gedacht. Obwohl es immer wieder passiert, darf man Batterien und auch Elektrogeräte auf keinen Fall in die Wertstofftonne werfen. Sie ist für sogenannte »stoffgleiche Nichtverpackungen« gedacht (worunter die eben genannten Dinge fallen), kann aber nichts aufnehmen, was Schadstoffe enthält – und das ist bei Batterien der Fall. Es kam schon zu Bränden in Recyclingfirmen, weil Batterien Feuer fingen. Das ist ebenso gefährlich wie umweltschädlich.

Deshalb gilt: Bringen Sie Batterien immer zu einer Sammelstelle. Die gibt es in vielen Supermärkten oder Drogerien – für ganz normale Haushaltsbatterien müssen Sie also nicht extra zu einem Wertstoffhof fahren. Das ist doch auch schon praktisch und macht nachhaltiges Verhalten ziemlich einfach.

Kurz gesagt

→ *Batterien dürfen auf keinen Fall in die Wertstofftonne oder den Restmüll. Sonst können sie später Feuer fangen und riesige Schäden anrichten.*

AUSWÄRTS: WIE WELTRETTER UNTERWEGS SIND

In den Urlaub fliegen, mit dem Auto ins Büro fahren, mal eben in die Bahn steigen: Wie wir uns von einem zum anderen Ort bewegen, prägt die Zukunft des Planeten entscheidend mit. Der Faktor Mobilität macht mehr als 18 Prozent unserer persönlichen CO_2-Emissionen aus – und nicht immer sind öffentliche Verkehrsmittel die einzig gute Wahl. Wie Sie klimafreundlich reisen und was Sie unterwegs noch tun können, um die Welt etwas zu verbessern: Hilfestellung gibt dieses Kapitel.

FERNBUS ODER ZUG FAHREN?

Irgendwie müssen wir von A nach B kommen – wenn Fliegen eine Klimasünde ist und wir das eigene Auto stehen lassen wollen, was dann? Fahrrad oder die eigenen Füße reichen nicht, falls A und B weit voneinander entfernt liegen. Fernbus oder Zug, womit legen wir lange Strecken umweltschonender zurück?

Möchte man von Berlin aus nach Frankfurt fahren (was mit der Bahn etwa 510 und mit dem Bus 540 Kilometer sind), gibt es mit Blick auf die CO_2-Emissionen einen klaren Gewinner: den Bus. Eine Fahrt auf dieser Strecke verursacht pro Person etwa einen Ausstoß von 19,2 Kilogramm. Mit der Bahn sind es 26 Kilogramm. Das haben die Experten vom Verkehrsclub Deutschland ausgerechnet.

Argument für den Bus: die Auslastung

Eine Rolle dabei spielt die Auslastung, die in solchen Statistiken natürlich immer nur mit Durchschnittswerten angegeben ist. Bei der Bahn geht man von einer Auslastung von 42 bis 44 Prozent aus, beim Bus sind es etwa 60. Das Umweltbundesamt kommt zu einem ähnlichen Ergebnis – allerdings sind dabei nicht die Emissionen eingerechnet, die zur Herstellung und Instandhaltung von Fahrzeugen und Infrastruktur anfallen. Schienenbetrieb, Bahnhöfe und Autobahnen: All das ist nötig, um die Strecke mit dem jeweiligen Verkehrsmittel zurückzulegen. Welche Auswirkungen das auf die Fahrt mit Bus oder Bahn hat, das haben die Experten noch

nicht berechnet. Außer Acht gelassen wurde auch der Reifenabrieb beim Fernbus, durch den laufend Mikroplastik in die Luft gelangt.

Mein Tipp

- *Die Kompensation von Flügen ist mittlerweile ziemlich bekannt, doch auch für die CO_2-Abgaben von Zügen oder Bussen können Sie einen finanziellen Ausgleich leisten. Infos zu den Anbietern für Kompensationen gibt es im Anhang.*

Wenn es um CO_2 geht (das ein erheblicher Faktor in der Klimakrise ist), gewinnt der Fernbus also und günstiger ist er oft auch. Doch Reisende müssen Geduld mitbringen: Für die Beispielstrecke von Berlin nach Frankfurt braucht ein Zug etwa viereinhalb Stunden, mit dem Reisebus kann es je nach Uhrzeit doppelt so lange dauern.

Fest steht: Beide Varianten sind besser als die Fahrt mit dem Auto. Das gibt auf dieser Strecke etwa 100 Kilogramm CO_2 ab. Erst durch fünf Personen an Bord kommt man etwa an den Emissionswert vom Fernbus heran.

Kurz gesagt

- *Mit Blick auf die CO_2-Emissionen gewinnt der Bus: Bei durchschnittlicher Auslastung wird pro Person weniger Treibhausgas ausgestoßen als auf der gleichen Fahrt mit dem Zug.*

FAHRGEMEINSCHAFT ODER BUS UND BAHN?

Mit jemandem gemeinsam fahren oder in öffentliche Verkehrsmittel steigen – wofür dankt uns das Klima mehr?

Gehen wir von einer Strecke von 30 Kilometern aus, was für Pendler der Weg zur Arbeit sein könnte. Sitzt man allein im Auto, werden bei einem durchschnittlichen Wagen 5,7 Kilogramm CO_2 ausgestoßen – zu zweit ist es logischerweise etwa die Hälfte pro Person. Im öffentlichen Nahverkehr sorgt die gleiche Strecke Berechnungen zufolge für 1,9 Kilogramm für jeden Reisenden (ausgehend von einer Auslastung von 42 Prozent).

Bus und Bahn liegen also vorn, solange bis zu zwei Personen im Auto sitzen. Steigt ein dritter Kollege ein, liegen Fahrgemeinschaft und öffentlicher Nahverkehr beim CO_2-Ausstoß gleichauf. Das sagen zumindest die Zahlen – doch klar muss allen Pendlern und umweltbewussten Mitfahrern sein: Bus und Bahn fahren auch ohne sie. Wer zu dritt eine Fahrgemeinschaft bildet, statt in den öffentlichen Nahverkehr zu steigen, sorgt für ein weiteres Auto auf der Straße, das die Umwelt belastet.

Kurz gesagt

- *Bei einer Strecke von 30 Kilometern liegen Bus und Bahn vorne, solange nicht mehr als zwei Personen im Auto sitzen. Eine Fahrgemeinschaft mit drei Personen kommt etwa auf den gleichen CO_2-Ausstoß wie der öffentliche Nahverkehr.*

EINE FLUGREISE ODER DREI TRIPS MIT DEM AUTO?

Wer das Klima schonen will, steigt nicht mehr oder nur noch selten ins Flugzeug – das hat sich herumgesprochen. Sparen wir uns also den Flug auf die Kanaren und planen stattdessen mehrere Reisen mit dem Auto in die nähere Umgebung. Eine gute Idee?

Betrachten wir die CO_2-Emissionen, um die es in der Diskussion ums Fliegen in erster Linie geht: Ein Flug von Düsseldorf nach Gran Canaria und wieder zurück sorgt im Durchschnitt für einen CO_2-Ausstoß von rund 1500 Kilogramm.

Wer statt der Kanaren-Reise ins Auto steigt und zum Beispiel von Düsseldorf aus einen Städtetrip nach Amsterdam macht, später mal nach Sankt Peter-Ording ans Meer fährt und im Winter in den Schwarzwald, der kommt insgesamt für Hin- und Rückfahrten auf 230 Kilogramm CO_2 – handelt also klimafreundlicher. Das wäre bei einem durchschnittlichen Mittelklasse-Wagen mit Benzinmotor und zwei Personen im Wagen der Fall.

Noch umweltfreundlicher als die Fahrten mit dem Auto wäre es natürlich, in den Zug zu steigen oder in den Fernbus.

Kurz gesagt

› *Fliegen sorgt für einen extrem hohen CO_2-Ausstoß. Wer statt nach Gran Canaria zu fliegen zum Beispiel mit dem Auto von Düsseldorf jeweils nach Amsterdam, Sankt Peter-Ording und in den Schwarzwald fährt, kommt auf bessere Werte.*

LANGSAM FAHREN ODER SCHNELLER ANKOMMEN?

Wer viel mit dem Auto unterwegs ist, verpestet die Luft, verbraucht Sprit, bringt durch Reifenabrieb Mikroplastik in die Umwelt. Klar ist: Weniger (oder gar nicht) fahren ist der beste Ansatz. Aber wenn es das Auto sein muss, ist langsames Fahren dann besser? Auch wenn wir so länger unterwegs sind?

Ja, ganz eindeutig. »Mit zunehmendem Tempo steigt der Emissionsausstoß«, erklärt die Verbraucherzentrale Hamburg. »Gleichzeitig sind bei hohen Geschwindigkeiten Luft- und Rollwiderstand und der Lärm deutlich höher.« Das alles schlägt auf die Ökobilanz. Dass wir dadurch länger unterwegs sind, fällt nicht so stark ins Gewicht: »Es geht um die Entfernungsleistung – also darum, wie sinnvoll es ist, 1000 Kilogramm Auto und 70 Kilogramm Mensch ans Ziel zu transportieren.« Apropos Gewicht: Je mehr an Bord ist, desto höher die Belastung. Deshalb sollten wir kein unnötiges Gepäck mit herumfahren.

Wir schonen außerdem bei jeder Fahrt die Umwelt, wenn wir möglichst spritsparend fahren: Nicht bei 70 km/h im dritten Gang, sondern vernünftig hochschalten und langsam beschleunigen.

Kurz gesagt

→ *Bei den Umweltbelastungen durchs Auto ist die Entfernung entscheidend, nicht die Dauer. Fahren Sie langsam, das stößt weniger Emissionen aus und senkt den Spritverbrauch.*

E-BIKE ODER BAHN FAHREN?

Fahrräder mit Elektrounterstützung liegen im Trend und sie gelten als klimafreundliche Variante, um zum Beispiel morgens ins Büro zu fahren. Lohnt sich die Anschaffung auch für Menschen, die bislang mit öffentlichen Verkehrsmitteln pendeln?

Erst einmal zur Definition: Meist sind Pedelecs gemeint, wenn von E-Bikes die Rede ist. Sie bieten die Motorunterstützung nur, wenn man in die Pedale tritt – E-Bikes im eigentlichen Sinne fahren auch ohne Pedalbewegung, sie brauchen ein Versicherungskennzeichen und sind eher Elektromofas. Der Einfachheit halber sagen die meisten Besitzer aber »E-Bike«, wenn sie von ihrem Pedelec reden – und das gilt auch in diesem Kapitel.

Die größte Belastung: Produktion des Akkus

E-Bikes sind ein energiesparendes Fortbewegungsmittel: Laut Umweltbundesamt verbrauchen sie bei einer Strecke von zehn Kilometern die gleiche Energie, die benötigt wird, um bei Raumtemperatur 0,7 Liter Wasser zum Kochen zu bringen. Klimatechnisch gesehen fällt die Herstellung der Fahrräder, vor allem der Akkus (in den meisten Fällen handelt es sich um Lithium-Ionen-Akkus) am meisten ins Gewicht. Diese lohnt sich vor allem dann, wenn das gekaufte E-Bike wirklich genutzt wird. Berechnungen zufolge sind die CO_2-Emissionen der Akku-Produktion nach rund 165 Kilometern ausgeglichen, die man mit dem E-Bike statt mit dem Auto fährt.

Wer ohnehin nie hinterm Steuer sitzt, sondern stattdessen öffentliche Verkehrsmittel nutzt, kann sich nicht auf diesen Vergleich berufen. Der CO_2-Ausstoß pro Person ist in Bus und Bahn deutlich geringer als im Auto (siehe Seite 130) – und nur weil ein E-Bike-Fahrer weniger im Abteil sitzt, werden nicht weniger öffentliche Verkehrsmittel eingesetzt. Eine deutliche Ersparnis durchs E-Bike ist also nicht auszumachen. Fest steht aber: Wer ein E-Bike kauft, sollte es auch nutzen, damit sich die Herstellung gelohnt hat. Und vielleicht steigen ja ein paar Pendler statt ins eigene Auto in die Bahn, wenn dort durch die vielen E-Bike-Fahrer plötzlich komfortable Leere herrscht …

Damit das Rad lange hält, ist es vor allem wichtig, den Akku gut zu behandeln. Das Umweltbundesamt rät, Tiefenentladung und dauerhafte Vollladung zu vermeiden. Zu hohe Temperaturen und Frost können dem Akku schaden – genau wie eine zu lange Zeit ohne Ladung.

Kurz gesagt

1. *Der Kauf eines E-Bikes lohnt sich vor allem im Vergleich zum Auto – nicht unbedingt als Ersatz von öffentlichen Verkehrsmitteln. Aber wer ein E-Bike hat, sollte es auch nutzen.*

2. *Wichtig für alle E-Bike-Besitzer: Achten Sie auf eine lange Lebensdauer des Akkus, denn dessen Herstellung ist die größte Umweltbelastung dieses Fortbewegungsmittels.*

KREUZFAHRT ODER FLUGREISE?

Im Urlaub übers Meer schippern, viele neue Orte kennenlernen, zwischendurch Wellness und Action an Bord genießen – eigentlich eine schöne Idee. Allerdings gelten Kreuzfahrten als Klimasünde. Sind sie wirklich schädlicher als Flugreisen?

Kreuzfahrtkritiker werden sehr deutlich: Immenser CO_2-Ausstoß, Feinstaub- und Stickstoffemissionen, Wasserverschmutzung – um nur einige Probleme zu nennen. Kreuzfahrtriesen reagieren mit neuen Filtern und alternativen Antrieben, eigenen Nachhaltigkeitsverpflichtungen und der Möglichkeit für Passagiere, die CO_2-Emissionen zu kompensieren.

> *Gut zu wissen*
>
> → *Kreuzfahrten sind bei Deutschen beliebt: Im Jahr 2018 kamen laut »Statista« die meisten europäischen Kreuzfahrtpassagiere aus der Bundesrepublik: Mehr als zwei Millionen Deutsche machten auf einem der großen Schiffe Urlaub.*

Doch für Umweltschützer ist klar: Eine Kreuzfahrt ist (zumindest noch) ziemlich mies für die eigene CO_2-Bilanz der Reisenden. Den genauen Wert pro Person und Reise zu ermitteln, ist ziemlich schwierig, Online-Rechner können aber eine Orientierung bieten: Demzufolge fallen bei einer achttägigen Meereskreuzfahrt pro Reisendem je nach Schiffs- und Kabinengröße zwischen 1,5 und 2 Tonnen CO_2 an.

Aber auch Fliegen belastet das Klima im großen Stil: Für Hin- und Rückflug von Frankfurt nach Mallorca fallen rund 0,5 Tonnen CO_2 an. Bei einem Trip nach Miami sind es knapp fünf Tonnen. Die Gesamtbilanz des Urlaubs hängt dann vom Verhalten am Zielort ab: All Inclusive im konventionellen Hotel oder Ferienwohnung mit Einkäufen auf dem lokalen Markt?

Gut zu wissen

- *Den eigenen CO_2-Ausstoß kompensieren: Was bedeutet das? Es gibt Anbieter, die für Flugreisen oder Kreuzfahrten eine individuelle Summe berechnen, die man dann zur Unterstützung von Klimaschutzprojekten spendet (siehe Anhang).*

Umweltfreundlich sind beide Arten des Reisens nicht, mit Blick aufs Klima sollten sie eher eine Ausnahme sein. Besonders dramatisch ist die beliebte Kombination: Mit dem Flieger nach Mallorca, um von dort die Mittelmeerkreuzfahrt zu starten. Dann lieber mit dem Zug nach Hamburg, um auf dem Schiff den Norden zu erkunden – wenn es denn mal eine Kreuzfahrt sein soll.

Kurz gesagt

- *Wer eine Kreuzfahrt macht, verbraucht damit einen Großteil des eigenen CO_2-Budgets pro Jahr. Reisen Sie, wenn möglich, am besten mit dem Zug zum Startort und nicht mit dem Flugzeug.*

MOBILE DATEN ODER WLAN NUTZEN?

Wir sind überall und jederzeit online. Zu Hause meistens im WLAN, unterwegs mit mobilen Daten oder über öffentliche Netze. Einen Unterschied je nach Verbindungsart merken wir in der Regel kaum – doch die Umweltauswirkungen unterscheiden sich gewaltig.

Denn wer mobile Datenverbindungen nutzt, sorgt für einen deutlich höheren Energieverbrauch als im WLAN-Netz. Hat man die Wahl, sollte man versuchen, so wenig wie möglich mobil zu surfen und große Datentransporte ins WLAN zu verlagern: Downloads zu Hause durchführen statt unterwegs (auch bei unbegrenzter Datenflatrate), Serien nicht auf dem Weg zur Arbeit streamen, Updates auf einen Zeitpunkt verschieben, an dem man in einem WLAN-Netz ist. Wenn es öffentliche Netze gibt, in die Sie sich einloggen können, sollten Sie diese Möglichkeit nutzen – und so den Energieverbrauch Ihrer dort geposteten Fotos und Videos reduzieren.

Auch bei den verschiedenen Möglichkeiten, online zu gehen, gibt es Unterschiede. »Schneller ist besser«, erklärt das Öko-Institut. »Also Glasfaser vor Kupferkabel vor WLAN vor Mobilfunkdaten.« Bei den Mobilfunkdaten verbrauchen neuere Generationen weniger Energie als ältere (4G ist also sparsamer als 3G). Das Fraunhofer Institut hat 2015 ausgerechnet: Für die Übertragung von einem Terabyte werden über 3G knapp 6000 Kilowattstunden verbraucht, über 4G sind es weniger als 1600. Wer ein DSL-Netz nutzt, kommt gerade mal auf 143 Kilowattstunden. Auch wenn

sich die Technologien seitdem weiterentwickelt haben: Die Unterschiede sind in etwa gleich geblieben.

Gut zu wissen

→ *Wer die Umwelt schonen will, schafft sich vor allem nicht ständig ein neues Handy an. Schätzungen zufolge benötigen Produktion und Auslieferung eines Smartphones so viel Energie wie das Aufladen und Betreiben für etwa zehn Jahre.*

Unabhängig von der Verbindungsart raten die Experten: »So wenig Daten wie möglich zu übertragen, ist nachhaltiger.« Wir sollten Dateien möglichst komprimieren, Bilder verkleinern, keine Videos verschicken, wenn auch ein Foto reicht (auch das Weiterleiten lustiger Tiervideos über Messenger-Dienste zieht unsere Klimabilanz nach unten). Automatische Updates und Backups von allen Daten auf dem Handy kosten ebenfalls extrem viel Energie – vor allem, wenn sie über mobile Verbindungen laufen.

Kurz gesagt

1. *WLAN ist deutlich energiesparender als die Nutzung mobiler Datenverbindungen.*

2. *Außerdem gilt: Je schneller die Verbindung, desto sparsamer. Glasfaser schlägt Kupferkabel, bei mobilen Daten liegt die jeweils neueste Generation vorn.*

BÜCHER ODER E-BOOKS LESEN?

An der Bushaltestelle oder in der Bahn ein Buch lesen, statt aufs Handy zu starren – besonders praktisch, wenn man gleich eine ganze Bibliothek auf dem E-Reader dabei hat. So sehen es manche Leser. Andere wollen nicht auf das klassische Buch in der Hand verzichten. Was wäre besser für die Umwelt?

Zu dieser Frage gibt es verschiedene Studien und sie kommen auf unterschiedliche Zahlen. Forscher aus Schweden und der Schweiz konstatierten 2015, dass die Herstellung eines E-Readers etwa so viele Treibhausgasemissionen verursacht wie die Produktion von 30 bis 40 gedruckten Büchern mit je 350 Seiten. Der Energieverbrauch bei der Reader-Nutzung sei zu vernachlässigen.

Das Öko-Institut rechnete 2019 aus: Ein E-Reader lohnt sich nur bei Viellesern, die mehr als 60 Bücher pro Jahr schaffen.

Wer schon ein solches Gerät besitzt, sollte es aber auch nutzen, damit sich die Produktion gelohnt hat. Wer keinen Reader hat und trotzdem die Umwelt schonen will, der fährt am besten mit dem Rad zur Bücherei oder zu öffentlichen Bücherschränken – oder liest E-Books auf einem bereits vorhandenen Tablet.

Kurz gesagt

→ *Die Produktion und Anschaffung eines E-Readers lohnt sich nur bei Viellesern. Aber: Wenn Sie dieses Gerät schon haben, nutzen Sie es, damit der Aufwand nicht umsonst war.*

ENTEN FÜTTERN ODER LIEBER NICHT?

Zum Abschluss geht es noch um eine schöne Beschäftigung beim Winterspaziergang: mit einem Beutel alter Brotreste am Teich stehen, den Enten etwas zuwerfen, ihnen beim Fressen zuschauen. Das macht Spaß, und dabei tut man auch etwas Gutes?

Leider nein, denn so schön sich das Ritual anfühlen mag: Das klassische Entenfüttern mit altem Brot ist eher schädlich für die Tiere und auch für das Wasser. »In Teigwaren sind oft Salz, Konservierungsstoffe und Geschmacksverstärker, mit denen der Stoffwechsel von Enten nicht klarkommt«, klärt der NABU auf. »Vögel benötigen diese Zufütterung außerdem nicht. Sie sind an die natürliche Nahrung gewöhnt und können sich auch im Winter selbst versorgen.«

Was Enten vertragen – und was nicht

Wer trotzdem nicht verzichten mag, sollte das richtige Futter im Gepäck haben: Im Gegensatz zu Brot sind Getreidekörner oder Haferflocken geeignet. Wichtig ist es, dass in den Lebensmitteln keine Zusatzstoffe enthalten sind – und dass sie auf keinen Fall verschimmelt sind.

Und auch auf die Art des Fütterns kommt es an: »Wenn zu viel Futter aufs Wasser geworfen wird, dann sinken Essensreste auf den Grund und werden dort nur langsam zersetzt. Dabei wird Sauerstoff verbraucht und das schadet dem Gewässer«, heißt es vom NABU. Also am besten die Körner nur am Ufer verteilen.

Doch auch beim Füttern an Land gibt es einen Punkt zu beachten, wenn wir alles richtig machen wollen: Wenn die Enten satt sind, sollten keine Essensreste liegen bleiben. Vor allem in Städten besteht sonst das Risiko, dass Ratten angelockt werden.

Mein Tipp

→ *Wenn Sie im Winter Vögel im eigenen Garten füttern wollen, verwenden Sie am besten Futterspender statt klassische Häuschen: So verringern Sie das Risiko, dass sich Kot unters Futter mischt und sich Krankheiten verbreiten.*

Gar nicht so einfach also, aber wer das alles im Kopf (und Beutel) hat, kann den Winterausflug zum nächsten Ententeich planen. Vor allem mit Kindern ist das schließlich ein schöner Zeitvertreib, der gleichzeitig hilft, eine wertschätzende Beziehung zu den Tieren aufzubauen. Und die kann beim Weltretten ja schließlich nie schaden.

Kurz gesagt

1. *Enten müssen nicht gefüttert werden, sie finden selbst im Winter genug natürliche Nahrung.*

2. *Wenn Sie trotzdem zum Ententeich losziehen wollen, sollten Sie Getreidekörner oder Haferflocken im Gepäck haben. Altes Brot ist eher schädlich für die Enten und fürs Wasser.*

QUELLEN: INTERVIEWTE ORGANISATIONEN UND EXPERTEN

Berliner Stadtreinigung (BSR) www.bsr.de

Bund für Umwelt und Naturschutz Deutschland (BUND) www.bund.net

Deutsche Umwelthilfe (DUH) www.duh.de

Deutscher Naturschutzring (DNR), Dachverband der Deutschen Natur-, Tier- und Umweltschutzorganisationen www.dnr.de

Naturschutzbund Deutschland (NABU) www.nabu.de

Öko-Institut (Institut für angewandte Ökologie) www.oeko.de

Prof. Dr. Petra Teitscheid vom Institut für Nachhaltige Ernährung an der FH Münster, www.fh-muenster.de/isun

Prof. Dr. Marlen Gabriele Arnold, Professorin für Betriebliche Umweltökonomie und Nachhaltigkeit an der TU Chemnitz, www.tu-chemnitz.de

Robert Böhnke, Referent in der Geschäftsstelle des Nachhaltigkeitsrates: www.nachhaltigkeitsrat.de

Verbraucherzentrale Hamburg www.verbraucherzentrale.de

WWF Deutschland www.wwf.de

Das Quellenverzeichnis zu diesem Buch können Sie unter folgendem Link abrufen: www.gu.de/buch/jeden-tag-die-welt-retten

LINKTIPPS

Berechnung der persönlichen CO_2-Bilanz:
www.ressourcen-rechner.de
www.uba.co2-rechner.de
www.wwf.de/wwf-klimarechner

Berechnung der CO_2-Emissionen von Verkehrsmitteln:
www.co2rechner.wdr.de
www.naturefund.de/wissen/co2_rechner
www.umweltmobilcheck.de (Angebot der Deutschen Bahn)

Einschätzung der CO_2-Bilanzen von Lebensmitteln:
www.eingutertag.org
www.klimatarier.com (im Auftrag eines Lebensmittelkonzerns)
www.klimateller.de

Beispiele für Anbieter zur CO_2-Kompensation:
www.atmosfair.de
www.myclimate.org
www.primaklima.org

Beispiele für alternative Suchmaschinen:
www.ecosia.de
www.gexsi.com
www.metager.de

Europaweite Übersicht von Unverpacktläden:
www.zerowastemap.org

IMPRESSUM

Projektleitung:
Reinhard Brendli
Lektorat:
Anne Nordmann

Umschlaggestaltung und Layout: independent Medien-Design,
Horst Moser, München

Illustrationen:
Dmitri Broido (Untergründe Kästen: iStock)
Autorenfoto:
Athenea Diapoulis

Syndication:
www.seasons.agency

Herstellung:
Markus Plötz
Satz: Uhl & Massopust, Aalen
Lithos: Repro Ludwig, Zell am See
Druck & Bindung:
Drukarnia Dimograf Sp. z. o. o., Polen

Umwelthinweis
Dieses Buch ist auf PEFC-zertifiziertem Papier aus nachhaltiger Waldwirtschaft gedruckt.

ISBN 978-3-8338-7358-4

2. Auflage 2021

www.facebook.com/gu.verlag

Ein Unternehmen der
GANSKE VERLAGSGRUPPE

LIEBE LESERINNEN UND LESER,

wir wollen Ihnen mit diesem Buch Informationen und Anregungen geben, um Ihnen das Leben zu erleichtern oder Sie zu inspirieren, Neues auszuprobieren. Wir achten bei der Erstellung unserer Bücher auf Aktualität und stellen höchste Ansprüche an Inhalt und Gestaltung. Alle Anleitungen und Rezepte werden von unseren Autoren, jeweils Experten auf ihren Gebieten, gewissenhaft erstellt und von unseren Redakteuren/innen mit größter Sorgfalt ausgewählt und geprüft.

Haben wir Ihre Erwartungen erfüllt? Sind Sie mit diesem Buch und seinen Inhalten zufrieden? Wir freuen uns auf Ihre Rückmeldung. Und wir freuen uns, wenn Sie diesen Titel weiterempfehlen, in Ihrem Freundeskreis oder bei Ihrem online-Kauf.

Sollten wir Ihre Erwartungen so gar nicht erfüllt haben, tauschen wir Ihnen Ihr Buch jederzeit gegen ein gleichwertiges zum gleichen oder ähnlichen Thema um.

KONTAKT ZUM LESERSERVICE

GRÄFE UND UNZER VERLAG
Grillparzerstraße 12
81675 München
www.gu.de